マドンナメイト文庫

素人告白スペシャル 春の田舎で出会った美熟女たち

素人投稿編集部

※本書に掲載した投稿には、読みやすさを優先して、編集部でリライトしている部分もあります。なお、投稿者・登場人物はすべて仮名です。

第一章
春の陽気に誘われ溢れ出る男と女の淫欲

素人告白スペシャル
春の田舎で出会った美熟女たち

花見の宴席で悪酔いしてしまった私……美熟女上司に勃起ペニスを慰められて

中山浩一　会社員・二十七歳

もともと酒が弱く、すぐに酔ってしまううえに酒グセの悪い私は、学生時代にいろいろな失敗を重ねてきました。先輩や友人たちにからんで迷惑をかけた経験は数知れず、しかもそのほとんどをはっきり覚えていないことに自分でもあきれてしまいます。

けっして悪意があるわけではなく、そんな自分を恥じていたので、社会人になってからは同じことを繰り返さないようにしようと決めていました。なので、新入社員の歓迎会に始まっていろいろな酒の席があっても、ほとんど酒には手を出さなかったし、断ることができるものなら参加そのものを断ってきました。

そのため、周囲からは人づきあいの悪いヤツ、ノリの悪いヤツだと思われているようです。しかし、学生時代の後悔があるので、それも仕方のないことだと割り切ってきました。

そうやって最初の数年間を無事に過ごしてきた私ですが、どこかに油断があったのか、先日、ついにやらかしてしまったのです。人間、どこにどんな落とし穴が待ち受けているかわかりません。いま思い返しても顔が熱くなってしまいます。

それは、この春のことです。

感染症でここ数年は中止になっていた春の花見が、久しぶりに開催されました。社内はすっかり盛り上がっていて、うちの課ももちろん全員参加があたりまえという空気になってしまい、私も出ないわけにはいかなくなりました。

確かに久々の花見を欠席して、せっかくの空気に水を差すのも申しわけないので、意を決して花見会場に向かうことにしたのです。ただし、酒を飲むのは抵抗があったので、端っこで一人寂しくウーロン茶を飲んでいました。

ところが、そんな私に気をつかって、声をかけてくれた人がいました。課長の槙村智子《まきむらともこ》さんです。

四十歳になったばかりの智子さんは、何かと部下を気にかけてくれる面倒見のいい上司ですが、それだけではありません。スタイルのいい、なかなかの美人なのに、なぜか独身で、ひそかに狙っている男も少なからずいるようです。

私からすればかなり年上なので、恋愛の対象として彼女を見たことはありませんが、正直に告白すると、会社で仕事してるときに、智子さんのムッチリした体やボリュームのある胸やお尻を盗み見て興奮したことはあります。

いや、もっとあからさまに言えば、家でひとりで行うときに、妄想の中で智子さんを全裸にしたり、入浴中やトイレ中の智子さんを思い浮かべることもありました。

きっと、そんな男性社員は多いと思います。もちろん、そんなこと誰にも言ったりはしません。すべて秘密です。

でも、そんな智子さんに声をかけられて、私は舞い上がってしまいました。

「どうしたの？　ウーロン茶なんか。もしかして飲めないの？」

そう言いながら顔をのぞき込まれたとき、すごく官能的な香水のにおいがしたのをいまでもはっきり覚えています。

「いえ、いまはちょっと自粛《じしゅく》してるんです」

「何言ってるの、もう全国的に自粛期間は終わったのよ。パーッといきなさいよ。私がお酌《しやく》するから、一杯だけでも、どう？」

もしもほかの上司だったら、かたくなに拒《こば》んでいたと思います。でも相手は智子さんです。断ることはできません。それで、あれほど自分に禁じていた酒に、つい手を出してしまったのです。いや、最初は本当に一杯だけのつもりでした。

でも酒飲みというのは仕方がないものです。その一杯が二杯目を呼び、そして三杯、四杯となって、あとはもう覚えていません。智子さんにすすめられるままに飲みつづけ、やがて久しぶりに自分が完全に酔っていくのを自覚していました。

そして、ある時点から私の記憶はなくなってしまったのです。

気がつくと、私は見知らぬ部屋のベッドの上にいました。あわてて飛び起きたところ、なんと同じベッドに智子さんが腰かけて私の顔を見ています。

「やっと気がついたみたいね。だいじょうぶ？」

「あの、ここはいったい？」

「私のマンション。私がここに運んできたのよ」

それを聞いて私は真っ青になりました。また悪い癖が出てしまったのでは……

そう不安になっていると、どうやら予想は的中したようです。

「あなた、本当に覚えてないの？」

智子さんの話では、完全にただの酔っぱらいになった私は、誰彼かまわずに絡んでいったようです。ふだんの私からは想像できない姿に、みんなドン引きしていたらしいのですが、そんな私を智子さんがどうにかタクシーに乗せたのだそうです。

「だって、最初にお酒をすすめたのは私だから、責任を感じたのよ」

そう言って、智子さんがなぜかうれしそうに笑っています。

「あなた、部長に言ったこと覚えてない？」

「え？　部長に？　私が？」

部長はふだんからセクハラやパワハラが多くてみんなに嫌われているのですが、その部長に向かって、どうやら私は「セクハラやめろ、パワハラやめろ！」と怒鳴ったというのです。それを聞いて、みんなひそかに喜んだらしく、

「確かに泥酔したあなたは迷惑だったけど、あの部長へのガッツなひと言でみんな帳消しにしてくれたわよ」

「す、すみません。とんだご迷惑をおかけしてしまって」

「今回のことはあんまり気にしなくてもいいわ。部長のことは私がどうにかしてなだめるから心配しないでね」

何度も頭を下げる私を、彼女はそう慰《なぐさ》めてくれました。

「でも、まさか私のことをあんなふうに思っていたなんてね」

「えっ、あんなふうにって？」

「あなたね、タクシーに乗せたあとも大変だったのよ。隣に座っている私に向かって〝そんなエロい胸とケツをして、仕事中にどれだけ我慢してきたと思ってるんだ〟とか〝いつもあなたを思い浮かべてひとりでシコってるんだ〟とか、そりゃもうすごかったんだから。運転手さん、あきれてたよ」

ますます私は頭を抱えてしまいました。まさか信頼している上司に向かって、そんなことを口にしていたとは。

恥ずかしさでうつむいている私に、彼女は意外にも優しく言いました。

「いいの、本当はあなたの家に送るつもりだったけど、それ聞いてるうちに気が変わっちゃった。どうせ、あなたの家なんか知らないしね」

「え？」

驚いている私の頭を、智子さんの手がスッとなでました。

「部長に、あんなにハッキリ文句言ってくれたことへのご褒美あげなきゃ」

「ご褒美なんて、そんな……」

そう言いかけた私の口を、智子さんの唇がふさぎました。香水の香りに混じってかすかな酒のにおいがします。口の中に智子さんの温かい舌が入ってきました。同時に指が私の体をなで回し、シャツのボタンを一つずつはずしはじめました。

え？ これ、何だろう。何が始まるんだろう。

まったく想像もしていなかった展開です。いまこの瞬間、自分は拒否するべきなのか、それとも受け入れるべきなのか、一瞬迷いました。でもそんな気持ちよりも体のほうが正直でした。

「あら、さすがに若いから反応がいいね」

智子さんの指がズボンの前にたどり着いたとき、そこがすでにパンパンに突っ張っていることに気づきました。酒が入っているせいか、頭と下半身が別人格のようです。下半身のほうは早々と智子さんを受け入れることに決めたのです。

よく見てみると、彼女の服装も、シャツの胸元がはだけて、白いブラに窮屈《きゅうくつ》そうに包まれた乳房の柔肉が、いまにも弾《はじ》けそうでした。

「い、いいんですか？」

「いいのよ。ここまで来たんだから腹をくりなさい」

厳しい言葉とは裏腹に甘い顔の智子さんは、あたりまえのようにズボンのファスナーをおろして、それを引っぱり出しました。

「まずいですよ」とか、「いいんですか？」とか、自分でも何を言ったか全然覚えていませんが、口ごもっている私のことなどおかまいなしに、智子さんはそれをしごき上げ、そしてアッという間に口に含んでしまいました。熱いものに包まれて、なめらかな舌が動きだしたときの感触をよく覚えています。

「思ったより大きいね」などと言いながら根元をつかんでしゃぶり回す智子さんの顔を見ると、ますます興奮してしまいました。当然のことですが、自分でするよりも何百倍も快感でした。

「先っぽからオツユが出てきた！　私、これ好きなのよね」

ふだんの智子さんからは想像できないことを言いながら、先端の穴を舌先で刺激しているうちに、もう我慢できなくなったのか、スラックスを脱ぎ捨て、さらに紫色のパンティまで脱ぐと、私の顔を跨《また》いできました。

「あなたも、して」

あまりにも急激な展開です。アッという間にシックスナインのかたちになると、私の顔にその部分を近づけてきました。確かにふだんから男まさりでリーダーシップをとりがちな女性ですが、それはまさにそんな彼女の性格そのものでした。私に断る理由はありません。目の前にある女性の部分は、思ったよりも陰毛が薄くて、穴やその周りの様子がはっきりわかり、とても卑猥《ひわい》でナマナマしく見えました。もちろん、濃厚な液体でぐっしょり濡れていて、早く舐め取ってと誘っているようです。

「本当にいいんですか?」

「早くして!　これ、好きなの」

夢中になってそこに顔を埋《うず》めると、甘ずっぱいにおいがしました。女性上司の性器に顔を押しつけてにおいを嗅いでいると思うと、それだけで頭が痺れるほど興奮しました。

舌先で全体を味わい、クリトリスを探し当てて転がすと、智子さんはふだん出したことのない甘い声をあげました。舌先で割れ目をなぞって穴のほうをしゃぶり回し、そのまま中をうかがうと、ますます声をあげ、私の肉棒をくわえている唇にも力が入り、ギューッと締めつけてきました。

自分で「好き」と言ってるくらいだから本当に興奮するようで、お互いに延々と性器を舐め合いました。ずっとクリと穴とを舐めていると、智子さんはそれだけでイキそうになるのか、何度も太腿を締めつけて私の顔を圧迫してきます。そして私のほうも何度も発射しそうになるたびに、「もう出ます」と声をあげると、智子さんはピタッと動きを止めて発射させまいとしてじらしてきます。

人間というのはおかしなもので、そんな状況でも、智子さんのことをあくまでも上司として見ていて、智子さんが発射させまいとするのなら自分は我慢しなくてはならない、イクときは智子さんの許可を得てからでなければ許されない、そんな気持ちでした。それに智子さんもイキそうになるたびに必死で我慢しているのがわかりました。簡単に達することなく、快感をためておいて、あとで一気に爆発するタイプなのかもしれない。そんなことを思いながら、顔じゅうを愛液でびっしょりにして舐めつづけました。

「あなた、上手ね。いままでいろんな男に舐めてもらったけど、舌づかいのうまさではいちばんよ」

智子さんのお褒めの言葉をいただいて素直にうれしくなりました。

「ありがとうございます。僕も何度もイキそうになってます」

「あなたのってすごく立派だね、しかも、いい形してる。こんなにカリが大きくてそり返ってると、中に入れたらすごく気持ちいいでしょうね。アソコの中をカリでこすられるの想像するだけでイキそうになっちゃった」

ふだんの智子さんからは想像できない言葉がポンポン飛び出してくるのであっけにとられました、ときどきオナニーのときに妄想する智子さんですが、これからオナペットにするときは、いままでとは全然違う妄想になりそうです。

「へんなこと言っていいですか」

「なあに?」

「毛が薄くて、ちょっと意外でした」

「あら、もじゃもじゃの剛毛だと思ってた? もしかしてあなた、ふだんから私の毛の生え具合なんか想像してるの？」

「え？　いや、そんなわけでは……」

「いいの。うれしいわ。もしかして私をネタにしてマスターベーションすることもあるとか？」

直球の質問に返事をとまどっていると、

「正直に教えて」

「ああ、は、はい、あります」

「あら、うれしい。私を思い出してコレしごいてるの？」

そう言いながら智子さんは、それをしごき上げてキスしてきました。

「自分の部下のオカズにされてるなんて、なんだか興奮する！　私を思い浮かべながらピュッピュしてるんだね。じゃあ、これからは毛の薄いアソコを思い出しながらシコシコしてね」

「は、はい、わかりました」

この人どこまでスケベなんだろうと思いながらも、私は興奮度マックスでした。

「ねえ、入れたい？　私のアソコに挿入したい？」

「はい、挿入したいです」

「自分の上司の女とセックスしたいのね。このカリ太の肉棒で私を犯したいのね。いやらしい部下だこと。いいよ、入れさせてあげる。今日は、あのセクハラ部長にガツンと言ってくれたから、ご褒美よ」

それから智子さんは私に跨《またが》ってきました。

「ああ、若いってすごいっ！　そそり立ってるじゃないの」

私のものを握りしめると、先端を自分のアソコにあてがい、こすりつけました。毛が薄いので、亀頭がクリトリスをこね回している動きや割れ目にもぐりこんでいるのもはっきり見えます。へんな言い方ですが、無修正ポルノを見ているようなエロさで、思わず息を呑んでしまいます。

「いい？　入れるよ？」

やがて智子さんは先端を入り口にあてがうと、ゆっくりと腰を落としてきました。窮屈な入り口をゆっくりと入っていくときの感触をいまもよく覚えています。挿入されるとき智子さんが、「あああ……」とせつない声をあげました。それがすごく色っぽかったのが印象的でした。たとえ上司と部下の関係であっても、挿入の瞬間だけは、ひとりの女になったように思えました。眉をひそめた顔もすごくセクシーでした。

「ねえ、見て。入ったよ」

「見てます、ズッポリですね」

「いやらしい言い方しないで。そう、ズッポリでしょう？　あなたのコレが私の中に入ってるでしょう？　毛が薄いからよく見えるでしょう？」

どうやら智子さんは自分のアソコに男性のモノが入ってるのを見たり見られたりすると、たまらなく興奮するようです。やがて女性上位で腰を上下させながらも、ずっと自分でそこを見ながら、

「ああ、入ってる、出たり入ったりしてる……いやらしいね、私たち、すごくいやらしいことしてるんだね」

などと繰り返し口にしながら舞い上がっています。智子さんの思いがけない性癖に、私のほうもすっかり興奮してしまいました。

「入ってますよ。ほら、こうやって突き上げてますよ」

「ああ、だめ、そんなに下から突き上げないで。エロいよ、あなたの肉棒が奥ま

で突き刺さってるのがまる見え」

お互いにのぞき込むようにしてその部分を眺めながら、智子さんは女性上位で激しく腰を動かしています。まさかこんなことが起こるなんて信じられません。私はすっかり興奮してしまい、再び射精しそうになりました。そのことを正直に伝えると、

「だめよ！　そう簡単にイカないで。もっと楽しませて」

「でも、まさかこんなに激しいなんて思わなくて」

「激しい女は嫌い？　いまは会社や仕事のことは忘れてただのオスになって！」

仕事中の智子さんからは想像できないようなことを言われ、私はますます舞い上がってしまいました。そのうち智子さんは体を離すと四つん這いになりました。

「今度は後ろからして。私、これ好きなの」

びっしりと肉が詰まった豊満なお尻を揺さぶるようにしてリクエストする姿に、私はまたまた興奮してしまいました。女性器もアナルもすべてがまる見えです。智子さんのこんな姿を、若い男性社員は全員が妄想しているはずです。その姿がいま、現実に目の前にあるのだと思うと、それだけで射精しそうでした。

「早く入れて。バックから突いてよ！」

「は、はい」

先端をあてがって一気に押し込むと、智子さんは悲鳴をあげました。大きなお尻を両手で抱え込むようにしてパンパン音がするくらいに激しく突くと、もっと卑猥な声をあげながら腰をくねらせて身悶《みもだ》えています。

自分があの智子さんをバックでピストンしながら悦ばせている、そう思うだけで、精液が一気にせり上がってくるようでした。白く泡立つほどの愛液を垂らしている女性の部分に自分の肉棒が出たり入ったりしている、さらにその上には薄茶色のアナルが締まったり広がったりしている。そんな光景をナマで見ることができるなんて信じられません。私は目に焼きつけたいと思いながら、その部分をじっと見ていました。

そして最後は正常位でした。智子さんに言われて顔を見ながら挿入しました。お互いの性器はもうたっぷり濡れているので、あてがうだけでヌルっと奥まで入ってしまい、それだけで智子さんは顔をしかめて歓喜の声をあげました。

いつもは離れたところから眺めているあこがれの上司の顔がすぐ目の前にあり、

しかも自分が腰を動かすたびに上擦った声で反応している。そのことが信じられませんでした。キスすると熱い舌でお返しされ、酒のにおいの混じった甘い息が混じり合います。本当に夢のようでした。

「あなた、すごいよ。こんな立派な男根を持った男がすぐ近くにいるなんて知らなかった。ああ、もっと狂わせて」

そんなふうに言われて、私は必死になって腰を動かしました。

やがて智子さんは、わけのわからないことを口走りながら私にしがみついてきました。アソコがギュンギュン締まって、私のものを食いちぎりそうなくらい責めてきます。思わず精液が溢《あふ》れそうになりながらも、まさか上司よりも先にイクなんて、そんな失態は絶対に許されない、そう言い聞かせて我慢しました。

それでも、我慢にも限度があります。

「もうダメです」

ついにそう言うと、智子さんは両足で私の下半身をグイグイ締めつけながら、ひときわ大きな声をあげました。

「私も。ねえ、いっしょにいこう！　中に出してもいいから。大丈夫だから」

「い、いいんですか?」

「いいの、出して!」

次の瞬間、全身にものすごい電流が流れたのを覚えています。あこがれの上司の中に思い切り射精する、その快楽と背徳感が混じって、それはまさに至福の瞬間でした。

終わってしまうと、智子さんはてれくさそうな顔をしました。初めて見る表情でした。なんだか本気で好きになりそうな気さえしました。よほど私との行為が気に入ったのか、そのあともう一回したし、そしてじつは、それ以来、たまに智子さんのマンションに行くようにもなりました。もちろん誰にも秘密です。

翌日、出社した私は同僚たちに花見の席での失礼を謝って回りました。でも智子さんが言っていたとおり、誰もが許してくれました。例の部長も、私に対する態度は何も変わりませんでした。智子さんがどうやってとりなしてくれたのか、それはわかりませんが、本当に感謝しかありません。

久しぶりにやらかした酒の失態でしたが、まったく思いもかけない結果になってしまいました。つくづく、酒は不思議な飲み物だと思います。

引っ越し先の隣家で会った欲求不満人妻濡れまくるオマ○コで肉幹を呑み込み！

山本将也　会社員・三十三歳

新年度に転勤となった私は、三月の末日に引っ越しをすませました。

マンションへの引っ越し作業を終えたのは、すっかり日も暮れたころです。

ようやく一息をつくと、両隣の部屋へあいさつに行くことにしました。面倒でもあいさつぐらいはしておくのが、一応の礼儀だと思ったのです。

まずは右隣の部屋の呼び鈴を押すと、しばらくしてドアが開かれました。

「おかえり……キャッ！」

いきなり悲鳴をあげられ、私は驚きで目を丸くしました。

そこにいたのは、なんと上半身は裸で下着一枚の女性だったのです。

「やだ、ごめんなさい。うちの旦那が帰ってきたのかと思っちゃった」

女性は胸を手で隠すと、あわてて引っ込んでいきました。

すぐに着替えて戻ってきた彼女に、私は動揺しつつも隣に引っ越してきた者だとあいさつをしました。

彼女の名前は美嘉《みか》さんで、見た目は三十代の半ばほど。なかなかの美人でスタイルも抜群です。

どうやら彼女は旦那さんと二人暮らしらしく、いつもは帰りの遅い旦那さんが珍しく早く帰ってきたと勘違いしたようでした。

私は一とおりのあいさつをすませて部屋に戻りましたが、まだ心臓がバクバクしていました。

なにしろ初対面でいきなり、美女の裸を見てしまったのです。乳首の色や乳輪の大きさまで、しっかりと瞼《まぶた》に焼きついていました。

その翌日のことでした。私が仕事から帰ると、誰かが部屋を訪ねてきました。

引っ越してきたばかりなのに誰だろうとドアを開けると、昨日あいさつをすませたばかりの美嘉さんが立っていたのです。

「昨日はごめんなさい。みっともない姿をお見せしちゃって。今日はおわびのついでに、いっしょにお酒でもどうかと思って」

ビールと手料理を持参していた彼女を、私はキョトンとしながら部屋に迎え入れました。

昨日はあんな出会いをして、きっと恥ずかしい思いをしていたはずです。それなのに彼女から会いに来るとは思いませんでした。

彼女は一人暮らしの私の部屋を、興味深そうに眺めています。それからテーブルに手料理を並べ、乾杯をしました。

どうやら今日も旦那さんの帰りは遅いらしく、ここへ来たのは退屈をまぎらわす目的もあったようです。

彼女はビールを飲みながら、旦那さんへの愚痴《ぐち》や、夫婦生活への不満を並べ立てはじめました。それもあからさまなセックスへの不満で、もう数カ月も抱いてもらっていないと告白してきたのです。

「ねぇ、どう思う？ 昨日だって久々に早く帰ってきたからセックスできると思って、あんな格好で出迎えたのよ。もう何カ月も待ってるのに、ずっと手を出してこないの。ひどいと思わない？」

「は、はぁ。そうですね」

私は話を聞いていても上《うわ》の空でした。

今日も彼女は上はタンクトップ一枚という薄着で、しかもノーブラなのがはっきりわかるのです。

くっきりと乳首が浮き出ていても、彼女にまったく気にした様子はありません。昨日といい今日といい、あまりに無防備な格好でした。

さらに彼女は話しながら、これみよがしに胸をアピールしてきました。そうやってセクシーに迫っても、まったく反応もしてくれないというのです。

「あなたは、そんなことないわよね？　昨日だってこれを見て、すごく喜んでくれたみたいだし」

そう言うと、今度はタンクトップをたくし上げ、胸をさらけ出してきました。

これにはさすがに私もあわてました。いくらお酒が入っているとはいえ、ここまでくれば悪酔いしているのは明らかです。

とはいえ、彼女が言うようにうれしくないはずがありません。

今度は一瞬で隠されることもなく、じっくりと見ることができたのです。

立派なサイズの胸のふくらみに、大きめの乳首がツンととがっています。思わず生唾を呑み込んでしまいました。

私がまじまじと胸を見つめていると、彼女がにんまりとしながら私に近づいてきました。

「いいのよ、遠慮しなくても」

彼女はぴったりと私にくっつきながら、胸を押し当ててきます。

「待ってください。旦那さんが……」

「ふふっ、私がただお話をしにここに来たと思う？　旦那のかわりに私の相手してくれるわよね」

ようやく私も彼女がセックス目的でここに来たことに気づきました。

しかし私は、まだ心の準備ができていませんでした。相手が人妻で、知り合ったばかりでは、そう簡単に気持ちを切り替えることもできません。

しかしとまどう私をよそに、彼女はもう服を脱いで下着姿になっていました。

「見て。ちゃんとこれも用意してきたのよ」

そう言って私に見せつけてきたのはコンドームの袋です。

ここまで彼女が準備万端であれば、私も迷う必要はありませんでした。

「じゃあ、本当にいいんですね」

「もちろんよ。私はセックスしたくてずっと我慢してきたんだから。今日はたっぷり楽しませて」

そう言い終えると同時に、最後の一枚も脱いで全裸になったのです。

立派なのは胸だけでなく、お尻もなかなかの肉づきでした。きれいな形をして肌にゆるみはまったくありません。

股間には濃い目の毛が逆立っています。こちらは毛先が広がってジャングルそのものでした。

「ちょっとおなかがたるんできてるけど、まだまだイケてるでしょ？」

わざわざ見せつけてくるほど、彼女は体に自信を持っているようでした。

確かに全身が色気に満ちた、ものすごくいやらしい体つきです。

こんな奥さんを何カ月も抱こうとしないなんて、よっぽど旦那さんは忙しいか性欲が薄いのでしょう。

さっそく胸をさわってみると、張りがあって最高の弾力でした。

「ああ……男の人の手って久しぶり。我慢できなくなって一人でしているときにさわっても、あんまり気持ちよくないのよね」

そうオナニーの告白までしてくるので大胆です。

私が胸をもんでいると、彼女の手も私の股間をまさぐりはじめました。

「あっ、硬くなってる。ねぇ、見せて見せて。早く」

そう急《せ》かされたので、私もズボンを脱ぐことにしました。

立ち上がって脱いでいる最中も、彼女は正座をしてじっと私の股間を見つめています。

こっちもムラムラしていたので、ペニスはいつも以上に勃起していました。

それを見せてやると、彼女はますます目を輝かせて手を伸ばしてきます。

「すごい。硬くて熱い」

彼女はまるで宝物のように大事にペニスを扱っています。あちこちを手でさわりながら、うっとりとした顔でにおいまで嗅いでいました。

こそばゆい刺激を気持ちよく感じていると、唇が亀頭に押しつけられました。

「ううっ」

あっという間にペニスは口の中です。やわらかくなめらかな感触に、快感が一気に込み上げてきて、思わず声が出てしまいました。

こんなにもあっさりとフェラチオまでしてくれたことに私は驚いていました。

しかし彼女はそれがあたりまえのことのように、抵抗なくペニスにむしゃぶりついています。

「ンンッ、ンッ……」

鼻にかかった色っぽい声を出しながら、巧《たく》みに舌を絡みつかせてきました。

ただでさえ腰が溶けてしまいそうなのに、くわえている表情もとてもそそりました。ときおりこちらを上目づかいで見上げてくるのもたまりません。

そうやって快感にひたっている最中も、私は彼女が持ち込んだコンドームの袋のことが気になっていました。

見せてもらった袋は一つではなく、五つほどありました。つまりそれだけの回数を彼女は期待していることになります。

こんなエロ人妻が隣の部屋にいるなんて、とんでもない幸運だと私は改めて実感しました。

彼女のおしゃぶりはさらに激しさを増してきます。口の動きが大きくなり、ずっとペニスが吸い上げられていました。

もうそろそろと思っても、なかなか彼女はペニスを離してはくれません。

私もだいぶたまっていたので、限界が近いことを彼女に伝えました。

「出そうなの？　もうちょっとだけ、くわえていたかったのに」

そう言って、彼女は残念そうに口を離しました。

それからすぐに彼女はコンドームに手を伸ばしました。手早く袋を破いて最初の一つをペニスにかぶせ、私をベッドに引っぱったのです。

「じゃあ、さっさとやっちゃおうか。あんまりじらすのも悪いしね」

私はすっかり彼女のペースに乗せられていました。こうなったら浮気だとか余計なことは考えずに、しっかり楽しむだけです。

彼女はすでにベッドに横になり、私が来るのを待っています。いつでも受け入れられるように足を開き、黒い茂みの奥までさらけ出していました。

見るからに貪欲そうな股間は、中身が濃いピンク色に染まっていました。よく見れば、まだ何もしていないのに、うっすらと濡れています。

こんなものを見せられては、私も我慢できるはずがありません。

「お願い、早く来て！」

彼女の声に引き寄せられるように、私はペニスを突き入れました。

割れ目に亀頭がめり込むと、にゅるりと滑って中に呑み込まれていきます。

「おお……」

挿入した瞬間に、快感が背中を走り抜けました。

やわらかくて熱い肉がペニスにまとわりついてきます。奥までよく濡れているうえに、締まり具合も悪くありません。

つながって体を深く預けると、彼女も下から足を絡みつかせてきました。

「ああ、こうするの久しぶり。すごく気持ちいい！」

がっしりと力が入っているので、そう簡単には離れられそうにありません。それだけ彼女も待ち望んでいたのでしょう。

ようやく足の力がゆるむと、私は腰を動かしはじめました。

だいぶ興奮していたせいで、つい体に力が入ってしまいます。それに拍車《はくしゃ》をかけるのが、抱いている彼女の反応のよさです。

「ああんっ、すごいっ!」

腰を一突きするたびに、彼女は喘ぎ声をあげてくれます。

抱いている体の気持ちよさ、いやらしい喘ぎ声が、ますます私を煽《あお》ってきます。

ただその分だけ我慢の限界も近づいていました。張り切りすぎたせいで、これ以上は無理というところまですでに来ていました。

「あっ、もうダメだ」

私は我慢をすることを諦め、あっけなく射精してしまいました。

コンドームの中にたっぷり精液がたまってゆくのがわかります。しばらく腰を止めたまま、射精が終わるまで待ちました。

「すいません。もう終わっちゃいました」

「いいのよ。まだ時間はたっぷりあるんだし」

幸いなことに、彼女はまったく気にした様子はありません。

ホッとしていた私を、彼女はバスルームに誘ってきました。

お互いに裸なので、そのままシャワーを浴びます。二人でこうしていると、まるで私たちが仲むつまじい夫婦のようでした。

久しぶりにセックスができたからか、彼女は上機嫌です。鼻歌を歌いながら私の体を洗ってくれました。

「セックスのあとって、いつもスッキリするのよね。ストレス解消にもなるみたい」

そう言いつつも、まだ満足していないのは明らかでした。

私も一度目のセックスは不完全燃焼だったので、何としても挽回をするつもりでした。こちらもまだまだ精力はたっぷり残っています。

彼女も早くペニスを勃起させようと、そこを念入りに洗ってくれました。

「あっ、もう大きくなってきてる」

ペニスが反応すると、彼女も指を絡みつかせながら喜んでいます。

ついでとばかりに、彼女は目の前に屈み込みました。

「こういうこともできちゃうのよ」

またフェラチオをしてくれるのかと思いきや、胸の谷間にペニスを挟んで洗ってくれたのです。

聞けば、新婚のころは旦那さんにせがまれて、毎晩のようにパイズリをやっていたとか。

こんなことを毎日してもらえるなんて、独身の私には夢のような話です。それだけにもったいないと、つくづく思ってしまいます。

「ああ、気持ちいいです」

「でしょう？　もっと元気になるように、たっぷりサービスしてあげる」

彼女は見せつけるように、両脇から胸に挟んでこすり上げてきます。

おかげでペニスはすっかりギンギンになりました。もういつでも二度目のセックスができる状態です。

さっそく彼女も、バスルームを出てベッドに向かうかと思いきや、それさえ時間がもったいないと考えたようです。

「ねぇ、ここでしようよ。どうせ終わったらまたシャワー浴びるんだし」

「えっ、コンドームはどうするんですか」

「戻るのめんどくさいから、使わなくていいわ。そのまま入れちゃって」

なんと生で挿入していいと言うのです。

これには私もラッキーと内心で小躍《こおど》りしました。人妻相手に危険なのはわかっていますが、こんな誘惑には逆らえません。

彼女は壁に立ったまま手をつき、お尻を突き出してきました。

胸に負けずお尻も立派な形をしています。その奥に見える股間を、私が挿入しやすいように自分から指で広げてくれました。

たまらなく卑猥なポーズをとる彼女に、私はすかさずペニスを突き入れてやりました。

「ああんっ！」

最初の一突きで、彼女は甘ったるい声をあげてのけぞりました。

さらに私はお尻を抱え込んで、グイグイと腰を動かしつづけます。

「あっ、ああっ……すごい。いっぱい感じちゃう」

私の動きに合わせて、彼女の声もますます大きくなっていきました。

コンドームを使わないと、膣の熱さや感触がよりなまなましく感じられました。

気持ちよさも一度目より格段に上です。

しかも一度射精して余裕もあったので、私はさらに激しく突いてやることもできました。

「ほら、さっきよりずっと奥まで入ってくるでしょう。どうです?」

「うんっ、こっちのほうがいいっ。もっといっぱいしてっ」

彼女は喘ぎながら、さらに激しくされることを望んでいます。

私も期待にこたえるために、ペニスを強く押し込んでやりました。どれだけ乱暴にしても感じてくれるので、手加減する必要がありませんでした。

「あっ、ああっ、もうダメ。私もイッちゃいそう」

彼女はそう口走ると、手をついた壁に向かって前のめりになっていきました。

私はそれを見て、何としても彼女をイカせてやろうと思い、ラストスパートをかけました。

何度もかき回している膣の中は、すっかりグチョグチョです。ペニスへの締めつけもゆるむどころか、きつくなってくるようでした。

「ああっ、あっ……」

これでもかと腰を突き上げていると、それまで大きな喘ぎ声を出していた彼女が、一瞬だけ静かになりました。

同時に体が小さく震えはじめ、力が抜けたようになりました。

「ああ……イッちゃった」

ため息をつきながら、彼女はそう洩《も》らしたのです。

しっかりとイク姿を見届けたので、私も満足して射精することにしました。

「うっ、ああっ」

二度目の射精は、しっかりと中出しをきめてやりました。

もちろんそれで彼女は怒ったりはしません。ちゃんと最後まで受け入れてくれたあとに、抱き合ってキスまでしてくれたのです。

「やっぱりセックスって最高。あんなに感じたの、もう何年ぶりだったかしら」

どうやら彼女も心から満足したようでした。

二人でバスルームを出ると、ひとまずビールで乾杯をします。

今度はテーブルで向かい合うのではなく、彼女はベッドでべったりと私に寄り添っていました。

「あなたって見かけによらずセックスも強いのね。うちの旦那とは大違い」

二回も立て続けにセックスをしたおかげで、すっかり気に入られてしまったようです。

彼女はバスルームを出たあとも、バスタオルを巻いただけの姿でした。ほろ酔い加減でリラックスしているとはいえ、相変わらず隙だらけです。乳首は隠せていないし、バスタオルの裾から陰毛もチラチラと見えていました。

さっき抱いたばかりでも、こういう姿を見ているとムラムラしてきます。

「もうヤリたくなっちゃった?」

彼女もそれをわかっているようでした。私の視線を意識して、挑発するように股間をチラ見せしてきました。

「そんなにすぐに何度もできませんよ。いくら何でも」

「あら、そう? 試してみないとわからないじゃない」

さすがに三回目となると、そう簡単にはその気にはなれません。

しかし彼女の負けん気にも火がついたようです。私の足元に跪《ひざまず》くと、再びフェラチオをしてきました。

参ったなぁ……と思いつつも、ペニスはムクムクと反応しています。

彼女の舌は巧みにペニスを刺激してきました。唇もしっかりと締めつけながら、上下運動を繰り返しています。

しばらく快感に呑み込まれていると、私はあっさり勃起してしまいました。

「ほら、あんなこと言ってたのに。もうこんなになってるじゃない」

彼女は勝ち誇ったように私を見上げてきます。私も負けを認めるしかありませんでした。

こうなると現金なもので、すっかり元気をとり戻した私は、自分から彼女をベッドに組み敷いていました。

コンドームもすぐ近くにありましたが、彼女はそれを手にとろうともしませんでした。今度も生で挿入していいと言ってくれたのです。

「せっかくだから、私が上になってあげる」

さっきとは逆に彼女が騎乗位で腰に跨ってきました。

さすがに私も疲れ気味だったので、彼女から動いてくれるのは助かります。

どんな動きを見せてくれるのか楽しみにしていると、つながってすぐさまクイクイと腰を振りはじめました。

これが本当にすごいものでした。いかにも手慣れた感じで自在に腰を操っているのです。

「待ってください。ちょっと激しすぎます」

「あら、そう？　これくらい普通だけど」

彼女は涼しい顔をしていますが、あまりに激しいピストンに私は息を呑んでしまいました。

お尻が上下するたびに、ペニスがヌルヌルとこすり上げられます。勢いもスピードもまったくコントロールできません。

私はおとなしく横になっていましたが、彼女のお尻の動きは止まりません。

「ああ、出るっ」

とうとう私は快感に負けて、またもあっけなく射精してしまいました。

結局、この日は彼女に求められるまま、合計で四回もセックスをしてしまいました。

こんなに射精したのは久しぶりです。さすがに終わったあとはクタクタに疲れてしまいました。

彼女もようやく満足したようで、旦那さんが帰ってくる前に部屋に戻っていきました。

ここだけを見れば、私はなんて幸運な男だと思われるでしょう。実際、私もいい部屋に引っ越してきたと、しばらくは思っていました。

ところがそんな甘い考えは、すぐに消え去りました。

味を占めた彼女が、毎日のように部屋にやってくるようになったのです。しかも、最低でも一回はセックスをするまで帰ってくれません。

おかげで私は日に日にやつれていき、体力も限界です。

いまはもう別の場所への引っ越しを考えています。

旦那の出稼ぎで独り寂しい雪国熟女たち
役場には秘密で潤む牝穴を火照らせ……

古谷和人　町役場職員・三十歳

私の故郷は東北の雪深い田舎町です。

東京の大学に進学したんですが、Uターンして町役場に勤めました。

それから八年間、村のために一生懸命働いてきたつもりです。特に私が忙しいのは、寒さのピークを過ぎた春ごろなんです。直接的な役場の仕事ではないのかもしれませんが、やはり村のために大切な「仕事」だと思っています。

うちの町では、雪が積もりはじめる初冬になると、多くの男衆が出稼ぎに行きます。町に残って家を守る彼らの奥さんたちの苦労は、並大抵のものではありません。家事や子育てのケアは役場として最大限に努力しているつもりですが、逆に役場として公《おおやけ》にはできないケアを私が個人的に担《にな》っているのです。

それは、夫が出稼ぎに行ってしまった奥さんたちの「満たされない女の部分」を満たしてあげることなんです。彼女たちは、秘めた胸の内に自分でも持て余すほどの性欲を抱えているので、私が身をもって解消してあげるのです。

雪に閉ざされている真冬はまだいいのですが、雪が解け水がぬるみはじめる時季になると、奥さんたちの心や体もゆるんでくるのです。男衆が出稼ぎから帰ってくるのはだいたいゴールデンウイークなので、三月から四月にかけて、彼女たちの欲求不満はピークに達します。したくてしたくて仕方ないのです。

それに気づいたのは、役場職員になって一年目の春先のことでした。

幼いころすごくかわいがってくれた、けっこう年の離れたいとこのお姉ちゃんがいるんです。十歳年上なので当時三十二歳。結婚三年目で、やはり旦那さんが出稼ぎに出ていました。ある日、彼女が私の家にやってきました。家には私一人でした。様子が変なので「どうしたの?」と聞くと、こう言ったんです。

「和《かず》くん、絶対さ内緒にするがら、エッチしてけれ」

大好きなお姉ちゃんですから、断る理由はありませんでした。ただ、当時の私はほとんど女性経験がなかったんです。ですから彼女の求めるままにさわったり舐めたりしていると、私の知っているいとこのお姉ちゃんとは別人のように、発する声も腰の動きも信じられないほどいやらしい女に豹変しました。

「あぁ、あっ、あぁ〜ん、和くん、そごそご、かっちゃぎ回しでぇーッ」

そのときは無我夢中でお姉ちゃんとセックスした私ですが、そのあとでふと思ったんです。ほかの奥さんたちも悶々《もんもん》としてるんじゃないだろうか？と。

役場の人に話しても仕方がないと思ったので、私はさっそく単独で行動に移しました。役場職員の公務として出稼ぎ家庭を訪問し、困っていることを聞き取り調査するんですが、相手が体と心が成熟してやりたい盛《さか》りの三十代、四十代の奥さんだった場合、そこに個人的な質問を加えたんです。

「ほがに困ってらごどはねぁですか？　人に言えねようなごどでも」

最初はキョトンとした顔をしている奥さんに、小さい声で囁《ささや》きます。

「旦那さんがいねど寂しぇんじゃねえですか、おなごとして」

すると、だいたいの奥さんが驚いたような表情を浮かべてから、恥ずかしそうに顔を赤らめるんです。それがすごく色っぽくてたまりません。つまり、私の質問に「セックスでぎねで寂しぇよ」って答えてるようなものですから。

「そんだば、おいが旦那さんのかわり務めるべが?」

けっこうな確率で、奥さんたちはモジモジしながら「うん」とうなずきます。見るからに我慢して首を横に振る奥さんはいても、怒り出すような人はいません。とはいっても、旦那さんが出稼ぎに行ってる奥さんは何十人もいます。こっちは一人ですから、いくらがんばっても順番待ちということになってしまいます。お待たせせずに対応できなくて、本当に申しわけなく思っています。

そうやって私は八年間、陰ながら奥さんを満たしてあげる努力をしてきたんです。つまり、三月、四月は役場の仕事と並行して、連日、出稼ぎ家庭の奥さんたちの下半身をケアしているんです。とてもやりがいを感じています。

奥さんたちのなかに、毎年何度も私の下半身ケアを予約してくれて、私もつい仕事を忘れてセックスしてしまう女性がいます。名前を文代《ふみよ》さんといいます。

文代さんは私のひと回り年上なので、最初に会ったときは三十四歳で、現在は四十二歳です。幼稚園に通っていた二人の娘さんも中学生になりました。

こんな田舎町にしてはオシャレな美女で、雰囲気も上品なんです。なのに、実はすごくエッチというか、ちょっと変態っぽいところがあって、それについ私のほうが夢中になって、「仕事」を忘れてしまうんです。

八年前の最初の年からそうでした。文代さんが子どもたちのいない昼間に来てくれというので、家を訪問すると、彼女は座敷を改装したリビングルームのソファに座っていました。ぴったりとした白いワンピースを着ていました。

「ねえ、近ぐに来て」

ゾクッとするほど色っぽい視線を私に向けて、そう言ったんです。

私は誘われるままにソファの前まで歩を進めて、そこからどうしていいかわからずに、文代さんの正面にしゃがんで正座しました。すると、ジッと視線を絡めたまま、文代さんが身を乗り出してきて囁いたんです。

「私はね、乳首がしったげ感じるの」

そのままふくよかな唇をポッと開くと、両手の指を交互に含んでたっぷりの唾液をまぶして、ワンピースの上から左右の乳房の頂上に塗りつけていきました。

みるみるワンピースの白い生地《きじ》が透き通って、小指の先ほどに勃起した乳首からピンクのグラデーションに色づく乳輪までが浮かび上がってきました。それを私に見せつけるように、文代さんの指がヌルヌルとこすり回したり、小刻みに弾いたり、つまんで押しつぶしたり、自ら愛撫しはじめたんです。

「あっ、あっ、敏感になってら」

予想もしていなかった文代さんの乳首自慰に、私は正座のまま、金縛りにあったように動けなくなっていました。

「はうっ、古谷《ふるや》ぐんが見でらがら、興奮してらみだい」

細くしなやかな指で、ピンピンにこり固まった乳首をこねくり回しながら、ぷっくりとみずみずしい唇を半開きにして、吐息混じりに身悶えていました。

「んぐっ、気持ぢえ、えっかだより感じでしまう」

身動きできない私でしたが、全身が熱くなって汗がにじんでいました。

「んん、そんた真剣な顔してしまって」

言いながら文代さんの細い指が、ワンピースの胸元のボタンをはずしていきました。ワンピースは前開きになっていて、前面にボタンが並んでいました。それをバストの下まではずした指が、ゆっくりと生地を左右に広げていったんです。

たわわな乳房が、ニュッとはみ出すように顔をのぞかせました。

開いた生地に左右から挟みつけられて、巨大なババロアのようにフルフルと揺れて、その先端で震える乳首は皮の張り詰めたブドウのようでした。

「あぁ、私、こんたごど……」

文代さんは、乳首をヌルヌルとこね回しながら、右、左とソファに足を上げました。それから膝を立ててワンピースの裾を扇のように広げたんです。

「……えぇっ！」

私は思わず声をあげてしまいました。目の前にパックリと開いた雪のように白い内腿の中心に、股間を隠すものが何もなかったんです。

ふっくらと丸みを帯びた下腹部、恥骨《お》を包む肉に生い茂った陰毛、その下に濡れそぼるヴァギナが息づいていました。長くヌメヌメと蠢《うごめ》く小陰唇はあまりにもなまなましく、脳みそまでかき回されるほど淫らな景色でした。

「こんたらふうに、近ぐで正面がら……見でほしかったの」

狂おしく囁きながら、文代さんの両手が太腿を通ってヴァギナに伸びていきました。細い指が左右から小陰唇を引っぱると、愛液がトロトロと流れました。

「よぐ見でで……いやらしぇダンベ（オ・マ〇コ）」

私がクンクンとうなずくと、文代さんの右手の中指と人差し指が、入り口を探るように動き回ってから、膣の中にヌルッ、ヌルッと埋まり込んでいったんです。

「あぐっ、んんぐぅ……」

そのまま二本の指は根元まで突き刺さり、文代さんがいきなりスナップを利《き》かせて出し入れを始めました。リビングに淫らな音が響き渡りました。

「あぁ、いやらしぇ。見で見で、もっと見で」

純白のワンピースからむき出したババロアのような乳房が、上下左右に躍っていました。文代さんは連続して膣の中に突き入っていく二本の指に合わせて、スベスベの内腿を閉じたり開いたりして、股間をしゃくり上げていました。

グジャッ、グジャッ、グジャッ——。

糸を引く大量の愛液が、細い指を伝って内腿にまで流れていました。

「旦那が出稼ぎに行ってがら、毎日、頭の中で犯されるごど想像して、こうやって指入れでらのよ。んだども、そいだげじゃ満足でぎねで……」

そう言うと文代さんが、背後からバイブレーターをとり出したんです。

ペニスに酷似《こくじ》した形のバイブレーターでした。全体的に光沢《こうたく》のある紫色で幹の部分が透き通っていて、たくさんの真珠のような玉が詰まっていました。

「通販で買ったんだよ。これも使ってしまうの」

言うより早く文代さんはバイブオナニーを始めました。ヴィ～ンという振動音と挿入の粘着音が混ざって、聞いたこともない淫らな音でした。

「す、すごぇ！　いづもより……うぐっ、いいッ」

訴えるように声を発した文代さんは、バイブのスイッチ部分の底部に両手をあてがって、手首を利かせてリズミカルに出し入れさせていました。

ヴィン、ヴィン、グチャッ、グチャッ、ヴゥイ～ン、グチャッ……。

バイブの幹に埋まった真珠玉が膣口をこすり回していました。

「あうッ、こんたの、気狂ってしまうぅっ」

そう叫んだ文代さんが、見せつけるように股間を突き出し、バイブの動きに負けまいとでもするように、下半身を激しくしゃくり上げました。

「もうイグ、イッちまう、イグイグイグッ！」

髪を振り乱して昇り詰めた文代さんは、私を見つめて囁きました。

「ね、裸になって、こさながまってみで」

私は急いで服を脱ぎ捨て、言われたとおりソファの前の絨毯の上にあおむけに横になりました。ペニスが恥ずかしげもなくフル勃起していました。

「すごぇカチカチだね、古谷ぐんのガモ(チ○ポ)」

文代さんもワンピースを脱いで上からおおいかぶさってきました。ペニスをやさしく握ると、亀頭をヌルヌルのヴァギナにあてがい、挿入していきました。

「あぁー、やっぱし本物のガモのほうが、オモチャよりええよ」

ぴったりと体を密着させて乳房を押し当てて、持ち上げたヒップを振りおろしペニスを出し入れさせました。グチャッ、グチャッ、グチャッ……。

そのまま文代さんは両手で私の頬を押さえつけ、顔中を舐め回し、唇を重ね、唾液を流し込んできました。下半身を弾《はず》ませながら問いかけてきました。

「いっぱいエッチになってぇ?」

「……ええよ、なんぼでも」

するとおおいかぶさっていた上体を起こし、騎乗位の体勢になって、内腿が水平になるほど両脚を広げて、上下に激しくヒップを動かしはじめたんです。

「あッ、あッ……よぐ見で、こんたに入ってらよ」

ゴムマリのように大きい乳房が、いくつにも見えるほど弾んでいました。

むっちりとしたお尻の肉が、私の腰に打ち当たるたびに、粘りつく大きな音が響き渡りました。濃い栗色の髪を振り乱し、ふりしぼるように喘ぎ声を発しながら、狂おしい腰つきで私のペニスを自らに突き入れつづけました。

「ヒイッ、古谷ぐんのガモ、ダンベの中で暴れでら！」

「うぐ、ううぅ、もう出そうです」

「私もイグ、イグよ、いっしょさ！」

「うっ、あうッ……出る！」

深く、長く、すっぽりと魂が抜け落ちるほどの放出感でした。

それから八年、文代さんには毎年驚くような、そしてすごく興奮するエッチをさせられてきたんですが、それは去年の春のことでした。

《勝手口のドアが開いてるから、二階の奥、夫婦の寝室に来て》

SNSのメールでそう誘導されたんです。夫婦のプライベート空間に足を踏み入れるのは初めてでした。やや緊張しながら階段を昇ると、まだ陽の高い時刻だというのに、窓のカーテンが閉められてかなり薄暗くなっていました。

《待ちきれなくてオナニーしてるの。古谷くんもそこで勃起させて》

再びメールで命じられました。文代さんの痴態や喘ぎ声を思い出しただけでペニスに芯が入り、ズボンの上からしごいただけで完全に勃起しました。

少し考えてから、《準備オーケーです》とメールを打ちました。

《そこで服を全部脱いで》

はたから見れば、私は町民の家に忍び込んで、廊下でスッポンポンになってペニスをそり返らせている不審者です……そこに最後のメールが届きました。

《部屋に入って、すぐに犯して！》

ドアを開けると、室内の照明がまぶしくて一瞬目をつぶってしまいました。ゆっくりと目を開けると、かなり広い寝室でした。片方の壁一面が書棚になっていて、机の上にデスクトップのパソコン、中央にダブルベッド……。

すぐに犯してという命令でしたが、私はとまどってしまいました。確かに文代さんはベッドの上で四つん這いになってオナニーをしていたのですが、セーラー服を着ていたんです。見覚えのある町立中学の女子の制服でした。

「古谷ぐんのどぎも、この制服だったべ？」

「はい、そうでしたげど……」

「私、中学のどぎがら、エッチしたぐでオナニーばりしてだのよ」

短いプリーツスカートにむっちりとしたヒップが浮かび、裾からのぞく生脚はハの字に開き、その奥に腕を突き入れてヴァギナをいじっているようでした。

「男の人に、犯されるどご想像してね」

すぐに犯してというご要望を思い出した私は、ベッドに乗り上げ、膝で歩くようにしてヒップに近づいていきました。スカートの裾をまくり上げると、ノーパンの白いヒップが露《あらわ》になり、指が膣の中に入っていました。

「ああ、ガモを突っ込むべどしてらんだね」

そう言って指を抜いた文代さんは、ヒップの外側から両手を回し、左右からお尻の肉を引っぱって、ヴァギナの割れ目を大きく広げました。私は文代さんが思春期から想像していた凌辱行為を望んでいるのだと理解しました。

「ガモ欲しがってヒクヒクしてらよ、文代ちゃんのダンベ」

文代さんが広げた割れ目に亀頭をあてがうと、熱くぬかるんだ感触が伝わってきました。くびれたウエストをつかんで、ズブズブとペニスを一気に根元まで埋め込んでいくと、セーラー服を着た肢体にグウウゥッと力が入りました。

「あぁっ、イヤイヤ……どうしょー、信じられね」

ペニスを全部ヴァギナに埋め込んでから、私は下半身を前後に振って出し入れを始めました。大きいストロークでペニスを続けざまに突き入れたんです。

「ダメ、やめで、んぐぐっ、はうッ」

私は腰を振りながら、言い聞かせるように言葉を並べました。

「文代ちゃん、こうやって犯されだがったんだべ。いやらすぇおなごだ」

文代さんはイヤイヤと頭を左右に振り乱しながら、私が肉棒を突き入れるたびに腰から背中を震わせて、悦んでしまうのを我慢しているようでした。私はまるで本当に文代さんを犯しているような気分になっていました。

「ぐうぅ、すごぇ締めづげだな」

「いやらしぇごど言わねで」

「ダンべが、しったげ悦んでらみだいだ」

「やめでってば。私、そんた女でねんだんて……あッ、そんたに」

文代さんは芝居がかった口調で言いながら、淫らな快感に呑み込まれていく自分をどうしようもないといった様子でした。私がさらに出し入れを繰り返すと、諦めたように、彼女の腰つきが私の腰の動きに同調してきたんです。

「あぁぁあぅん、はうっ、あっぅぅ、ああっん」

「くくっ、やっと素直になってくれだね」

私はそう言って、最大限まで挿入のテンポを上げました。ペニスを引くときと突くときのリズムに強弱をつけて、続けざまに貫いていったんです。

「あッ、あッ、ああっ……すごぇ、あうッ」

受け止め、さらに求めるように、文代さんは腰をしゃくり上げました。

「やざねやざね、こんたの、おがしくなってしまう」

「んぐぅ、文代ちゃん、そんたに腰振ったら、ガモが折れそうだ」

「や、やめで、なして、そんたごどばり言うの」

言葉とは裏腹に、文代さんはさらに腰を波打たせてきました。私はペニスの出し入れに回転を加えて、膣壁をこねくるように刺激していきました。

「あっ、そご……いやッ、当だってら」

カリの出っ張りがときおりGスポットをえぐっているようでした。

「いやいや、アアウッ……私、イッぢゃう」

それを聞いた私は、そのまま射精してしまうつもりで、ラストスパートのピストン挿入を始めました。すると、文代さんがあわてたように言ったんです。

「さっと待って。まだ出しちゃやざねよ」

それからしばらくの間をおいて、また芝居がかった口調で求めてきました。

「古谷ぐん、アナルさ指、入れるべで思ってらだべ」

アナル責めなどしたことはありませんが、ご要望にはこたえなければいけません。

私はペニスを深々と挿入したまま動きを止めて、指で文代さんの本気汁をすくい取り、ヒクヒクと収縮するお尻の穴にまぶしていきました。

「ああぅ、私……お尻の穴なんて、初めでよ」

そう言いつつ、文代さんは、おねだりするように腰をグラインドさせていました。アナルの括約筋《かつやくきん》がしぼんだりゆるんだりして、呼吸をしているようでした。

「文代さん、ほんに初めでなんだすか？」

「な、なして……」

「だって、欲しがってらんだすよ、文代さんの肛門」

「や、やめで。うそよ……え、ヒッ!」

ヌルヌルと滴《したた》るほど愛液をまぶされたせいで、ほとんど抵抗感はありませんでした。ヌメッ、ヌメッ、ヌメリと中指がアナルに沈んでいきました。

「ほら、第二関節まで、入ってしまったよ」

「し、信じられね。そんたに……」

私の指がググッ、ヌヌヌッと入っていくたびに、肛門の括約筋が生き物のように動いていました。イヤイヤと髪を揺らす文代さんは、指の出入りに合わせて、グッ、グッと突き上げたヒップを張り詰めていました。

「私、こんた、いやらしぇごどされで……あ、あっ、変な感じ」

もはや指はスムーズに出入りを繰り返していました。

「ね、古谷ぐん、これも使ってみで」

文代さんがそう言って、枕の下からアナルバイブをとり出したんです。半透明のグリーンのスティック状で、根元からシリコンの団子が重なって徐々に小さくなっていました。先端の団子はちょうど指先ぐらいでした。

「まだ通販で買ったんだすか。ほんにいやらしぇおなごだすね」

「だって、古谷ぐんは、私どご満足させるだめになもかもぐれるんだべ」

「ええ、もぢろん」と言いながら、私は指をアナルから引き抜きました。そして、アナルバイブの先端の団子を指で開いた肛門に押し当てたんです。

「あぁ、お尻の穴はほんに、旦那さざわられだごどもねのよ」

文代さんが訴えるように言って、グッと腰を入れ待ち構えました。

ヌメリッと音が聞こえるような挿入感でした。一気に二個目、三個目と団子がアナルに呑み込まれ、括約筋がキューッと締まりました。

「くうっ、文代さんのアナル、しゃぶりづいでぎだよ」

「指より圧迫感がすごぇわ……こんたのおがしくなってしまう」

連《つら》なった球体がヌメリッと一個入るたびに、括約筋が反射的にギュッと収縮して、つなぎ目のくぼんだところを締めつけているようでした。四個、五個……。

「古谷ぐん、ガモもいっしょさ、入れだり出したりしで」

ペニスはヴァギナに深く入ったままでした。私は自分が膣にペニス、肛門にバイブを同時に出し入れすることなど想像したこともありませんでした。文代さんとエッチしなければ、一生経験することはなかったはずです。

「くうっ、文代さん、前も後ろもきづぇです」

私はバイブを出し入れするテンポに合わせて、懸命に腰を振りました。

「ヒッ、ぐっ、あうッ……こんたすごぇの、初めでよ」

ペニスが膣を奥まで貫き、カリの出っ張りで膣壁を引っかくようにしながらあと戻りしていました。連なった団子のような球体が括約筋を押し広げながら、一個、二個と出たり入ったりして、奥まで埋まっては顔をのぞかせてきました。

「ねえ、スイッチがついでらだべ。入れでみで」

文代さんに言われてバイブの底にあったスイッチを入れると、ヴィンヴィンヴィンというくぐもった音が響き渡り、膣内まで振動が伝わってきました。

「うおーっ、ガモまで震えで、すごぇ快感だす」

「私も、私も……ダンべもアナルも、感じすぎでしまうよー」

「気持ぢよぐで、すぐイキそうだす」

私は振動するアナルバイブを出し入れしながら、ぶつけるように腰を振りつけて、続けざまにヴァギナを貫くピストンを打ちつけていきました。そのまま射精しようとする正真正銘《しょうしんしょうめい》ラストスパートの出し入れを始めたんです。

「私もイキそ、あっ……イッぢゃう」

アナルに突き立ったバイブを振動させたまま、四つん這いで上半身を突っ伏した文代さんのウエストをつかんで、グジャッ、グジャッと貫きました。

「ぐっ、出そうだす。文代さん、出るす」

「私もイグ、古谷ぐん、いっしょさ、あ、イグイグイグ!」

睾丸から吹き上がるような精液を、何度も何度も文代さんの奥に発射しました。打ち込むたびに、文代さんの体がビクッ、ビクッと痙攣しました。

精も根も尽き果ててベッドに倒れ込むと、文代さんが耳元で囁きました。

「ねえ、今度はアナルさ、古谷ぐんのガモ入れでほしえな」

去年の春は、そのすぐあとに文代さんの旦那さんが出稼ぎから戻ってきたので、そこまでだったのですが、今年はアナルセックスをすることになりそうです。

そんなことを考えていると、文代さんは、私が想像できないような新たな要望を出してくるのかもしれません。満たされない出稼ぎ家庭の奥さんがいる限り、私は「仕事」を続けるつもりですが、自分の結婚は……無理そうです。

新入学生の甥に下着を盗まれた貞淑主婦
童貞極硬棒を欲望のままに味わい尽くし

佐倉優香　専業主婦・三十四歳

私は結婚三年目を迎えた、営業職の夫を持つ専業主婦です。

年齢を考えれば、子どもを持つタイムリミットが近づいているのですが、夫はあまり協力的ではなく、残念ながら子宝には恵まれていません。

今回は、去年の春先に起きた話をぜひ聞いていただきたくて投稿しました。

夫の甥、翔平《しょうへい》くんが大学進学を決めて上京し、我が家に泊まって下宿先を探すお手伝いをすることになりました。

彼は二カ月前にも受験のために滞在し、私が身の回りの世話をしてあげたんです。宿泊した初日の夜は、くしくも夫が出張で不在の日でした。

妙に寝つけなくてリビングに向かったところ、浴室から物音がして引き戸の隙間からのぞくと、翔平くんが私の下着らしき布きれを鼻に押し当てていたんです。

手をパジャマズボンの下に入れ、もぞもぞ動かしていたのですから、オナニーしていたのはまちがいないと思います。

「何してるの!?」

恥ずかしさと怒りで頭に血が上り、戸を開けて叱りつけると、彼はあわてふためき、ズボンから手を出して下着を背後に隠しました。

「何を隠したのか、見せてごらんなさい！」

「あ、あ……」

「見せなさい！」

翔平くんはうつむき、隠したモノを恐るおそる差し出しました。

淡い水色のショーツはまぎれもなく私の下着で、クロッチがむき出しになっているではありませんか。汚れが付着しているのは遠目からでもわかり、顔がやけどしたように熱くなりました。

「いやらしい子！」

奪い取った下着を洗濯機に戻す間、翔平くんは青白い顔をして立ちすくむばかりでした。

「来て」

「あ、あの……どこへ？」

「あなたの部屋よ。詳しい話は、そこで聞くから」

私はムッとした表情で客間に向かい、彼はうつむき加減であとに続きました。

六畳一間の狭い部屋には簡易ベッドと小型テレビがおかれているだけで、ほかには何もありません。

部屋に入るなり、私はクローゼットを開け放ち、盗まれた下着がないか確認しました。

「バッグの中は？」

「ぬ、盗んでません……本当です」

「まあ、いいわ……それより、いったいどういうことなの？　なぜ、あんなことしたの？」

「ご、ごめんなさい」

「ひょっとして、前に泊まったときも同じことをしたの？」

翔平くんはうつむいたまま、何も答えません。じれったさを覚えた私は、ちょっと強めの口調で責めました。

「黙ってたら、わからないじゃない！」

すると彼は唇をゆがめ、涙をぽろぽろとこぼしたんです。もうびっくりしてしまって、今度は私のほうがあわてふためきました。

「うっ、うっ、ごめん……なさい」

かわいい顔をしていましたから、ハレンチな行為に裏切られた思いだったのですが、まさかこんなに繊細な男の子だったとは。

肩をぶるぶる震わせる姿が母性本能をくすぐったというか、怒りの感情はみるみる失せ、無意識のうちに優しい声をかけていました。

「……泣くことはないでしょ」

「最初は、そんなつもりはなかったんです。でも、受験が不安で不安で、どうしても落ち着かなくて……」

「それで、魔が差したって言うの？」

コクリとうなずく翔平くんを見据えたあと、急に恥ずかしくなり、身体の芯が熱くほてりました。

一日中はいていたパンツを鼻に押し当て、犬のようにクンクン嗅いでいたのですから。

「何も……こんなおばさんの下着でストレス発散しなくてもいいのに。しかも、二回も」

「……です」

「え、何？」

翔平くんは顔をそむけ、なぜか頰を染めました。

「はっきり言わないと、わからないわよ」

「優香《ゆうか》さんが……きれいだったから」

「え？」

「伯父《おじ》さんの結婚式で初めて会ったときから、きれいな人だなって……その、あこがれていたんです」

思わぬ告白にびっくりし、同時に女としての喜びに胸がキュンとしました。

最近の夫は女として見てくれず、誘いをかけても疲れているからと答えるばかり。欲求不満がたまっていたのか、胸がざわつき、目の前にいる青年を抱きしめたい気持ちに駆られました。

「全然気づかなかったわ。それで、私の下着を」

「ご、ごめんなさい。一度タガがはずれたら、抑えがきかなくなっちゃって。許してください！」

いまの彼なら、どんな行為でも受け入れてくれる。いやらしい行為を親に知られることを思えば、多少の罰を与えても口を閉ざすに違いない。

そう考えた私は、頭を下げて謝罪する気弱な青年をじっと見つめました。そして心臓をドキドキさせながら、とんでもない言葉を投げかけたんです。

「さっきしてたこと、私の前でもう一度やってごらんなさい」

「……え？」

「下着のにおいを嗅がれるなんて、ものすごく恥ずかしかったんだから、翔平くんにも同じ思いをしてもらわないと不公平でしょ？　そのかわり、今回の件は見逃《のが》してあげるわ」

彼は唇を嚙みしめ、またもや震えていました。

迷っているのか、棒立ち状態のまま、まったく動かなかったんです。

「どうしたの？　下着がないと、その気にならない？」

「い、いや、そういうわけじゃないですけど……」

「翔平くんって、変態だったのね」

屈辱感をたっぷり与えたところで、私はベッドに腰かけ、パジャマの上着の第一ボタンをはずしました。

「しょうがないわね……これなら、どう？」

現金なもので、胸の谷間を見せつけると、翔平くんは目をむき、熱いまなざしを向けてきました。

あやしい雰囲気を察したのか、喉をゴクンと鳴らして身を乗り出したんです。

若い男の子って、想像していた以上に精力旺盛なんですね。パジャマズボンの前部分がみるみるふくらみ、おチ◯チンが勃起しているのは明らかでした。

「あ、あ……」

「早くしなさい。グスグズしてると、伯父さんに言いつけちゃうわよ」

軽く脅《おど》しをかけるや、翔平くんは息せき切ってズボンをおろし、ペニスがジャックナイフのように跳ね上がりました。

天に向かってそり勃《た》つ男根の、なんと逞《たくま》しかったことか。今度は私のほうが身を乗り出し、風船のようにふくらむ好奇心を抑えられませんでした。

「すごいわ……何もしてないのに」

ピンク色のおチ◯チンは包皮が半分ほどかぶさっていましたが、胴体には太い血管がびっしり浮き、亀頭も破裂しそうなほど張り詰めていたんです。

しかも尿道口が濡れていて、前ぶれの液が溢れているではありませんか。

「やだわ……もう出てる。何、これ？」

「はあふう、はあはあ」

ちょっとからかっただけなのに、ものすごく昂奮しているらしく、反応を観察しているだけでも胸の高鳴りは増すばかりでした。

ペニスに息をフッと吹きかけると、腰がひくつき、あのときの私は新しいおもちゃを手に入れたような感覚だったと思います。

「さ、やってみせて」

「あ、ああ……」

翔平くんは意を決したのか、ペニスを軽く握りしめ、包皮をむきおろしてしごきはじめました。

ゆったりしたスライドのたびに透明な液がじわじわとにじみ出し、先っぽも真っ赤に充血していきました。

おチ◯チンを見つめていたら、私もおかしな気分になってきて、子宮の奥が疼きだしたのが自分でもはっきりわかりました。

「いつも、そんなふうにやってるの？」

「ふっ、ふっ、ふっ」

「もっと速くこすってるんでしょ？」

あおってみても、翔平くんの指はスローテンポの動きを繰り返すばかりで、次第にじれったくなってしまったんです。

「こうしてるんでしょ？」

「……あ」

私は彼の手を振り払い、おチ◯チンをキュッと握りしめました。

鉄の棒のような感触、血管の熱い脈動はいまだに忘れられません。

鈴口から前ぶれの液が滴ると、おチ◯チンをこれでもかとしごきました。

「あ、あ、あぁぁあぁっ！」

「こうやって出してるのよね？」

「ぐ、く、くううっっ！」

翔平くんは内股の格好から女の子のように腰をくねらせ、歯を食いしばる姿が食べてしまいたいほどかわいかったんです。

思わず舌なめずりした瞬間、青筋がドクンと脈打ち、彼は涙目で訴えました。

「あっ、出ちゃう、出ちゃいますっ！」

「だめっ！　だめよっ!!」

あわてて手の動きを止めたのですが、時すでに遅し。翔平くんは腰をぶるっと震わせ、せつなげな顔で顎を突き上げました。

おチ◯チンの先っぽから精液がびゅるんと跳ね上がり、こちらに向かって一直線に飛んできたんです。

「きゃあああっ！」

パジャマにぱたぱたと降り注いだ直後、二発目は頭を飛び越え、愕然《がくぜん》とするなか三発四発と立て続けに放たれました。

あれほどすさまじい射精を目《ま》の当たりにしたのは初めてのことです。あまりの驚きに身を強ばらせると、栗の花の香りがぷんと漂い、脳の芯がジーンとひりつきました。

「ああっ」

翔平くんは膝から崩れ落ち、肩で息をしていましたが、おチ◯チンはまだ勃起したままなんです。

若い男性の精力にはただびっくりするばかりで、胸のときめきを抑えられませんでした。

「いやだわ……パジャマがベトベトになっちゃったじゃない」

「はあはあ……ご、ごめんなさい」

「上着もズボンも精液まみれ……これじゃ、着てられないわ」

私は言いわけをつくろい、さも当然とばかりにパジャマを脱ぎはじめました。

もちろんブラジャーは着けていなかったので、乳房はむき出しの状態です。

ズボンをおろしはじめると、さっそく熱いまなざしが注がれ、身体の奥から熱い潤《うる》みがこんこんと溢れ出しました。

こんなことになるとわかっていたら、もっとセクシーな下着を着ておけばよかったと、どれほど後悔したことか。

それでも、純白のビキニショーツは青年の関心を引いたようです。目をギラギラさせ、私の身体を食い入るように見つめていました。

様子を探ると、視線をそらしておどおどし、初々《ういうい》しい反応が心をくすぐり、このときに誘惑してやろうと決心しました。

「女の人の……見たことあるの？」

「な、ないです」

「経験はないのね？」

コクリとうなずく彼の顔は早くも期待に満ちており、もはやとまどいは少しもありませんでした。

私は、脱いだパジャマでペニスについた精液をていねいにぬぐってあげました。

「あ、汚れちゃいます」

「いいのよ、洗濯すればすむんだから……こっちに来て」

ベッドに招けば、翔平くんは這い登り、鼻の穴を目いっぱい広げました。

「は、はい」

「おっぱい、好き?」

「は、はい……すごくきれいです」

「さわってもいいのよ……あンっ」

きれいな手のひらが乳房をもみしだき、乳首がピンとしこり勃ちました。

彼は胸の谷間に顔を埋め、においをクンクン嗅ぎ、生意気にも敏感な突起をペロペロ舐めてきたんです。

「ああ、いい、気持ちいいわぁ」

わざと色っぽい声をあげると、徐々に目がすわっていきました。

盛んに下腹部をチラ見していましたから、いちばん興味があるところはすぐにわかります。

「下……脱がせて」

弱々しい声で告げると、翔平くんはさっそく身を沈め、私は後ろ手をついてヒップを浮かせました。

震える指でショーツを脱がすときの顔が真剣すぎて、思わずクスッと笑ってしまったほどです。下着が足首から抜き取られると、すぐさま足を広げ、女の秘部をたっぷり見せつけました。

「……ああ」

「そんなにじっと見ないで。恥ずかしいわ」

「さ、さわっていいですか？」

彼は細い指先であそこをつつき、なぞり、はたまたなで上げました。

「あ、ああン、やっ、ふうっ」

甘い声が自然と洩れ、大量の愛液が噴きこぼれました。

「ぬ、濡れてます」

「そうよ、女は感じると濡れるものなの」

「な、舐めても……いいですか？」

「え、あっ、やぁあン」

許可もしていないのに、翔平くんは局部に口を押しつけ、愛液をじゅるじゅるすすり上げました。

舌先を跳ね躍らせ、性感ポイントを弾かれると、性感が極限まで追い詰められ、私のほうが我慢できなくなっちゃったんです。

「ああ、も、もう……」

気がつくと、彼を押し倒し、腰の上に跨っていました。そして勃起を引き起こし、ぬるぬるの膣口にあてがったんです。

ペニスはさほどの抵抗なく膣の中に埋め込まれ、カチカチの肉棒が突き進んでくると、この世のものとは思えない快感に打ち震えました。

なんと根元まで入ったところで、軽いアクメに達してしまったんです。

「あっ、あっ、はぁぁあンっ」

「ぐぐうぅっ」

翔平くんは歯をむき出し、顔を真っ赤にしていましたが、すっかり盛りのついた私は目茶苦茶にヒップを振り回しました。

恥骨をしゃくってはこすりつけ、猛烈な勢いで腰をスライドさせたんです。

「ああ、いい、いいわぁ、おチ○チン、硬い！　おっきい!!」

「ぼ、ぼくも……気持ちいいです……またイッちゃいそう」

「だめっ、まだ我慢して！」

たしなめたものの、腰のピストンは止められず、彼はあっけなく二度目の射精を迎えました。

「あっ、イクっ、イックぅぅっ！」

「あぁン、もう……」

仕方なく膣からペニスを引き抜き、手でしごいてあげたのですが、先ほど放出したばかりにもかかわらず、またもや大量に射精して目が点になりました。

「あ、くっ、くっ、ぐうっ」

「すごいわぁ……これじゃ、変なことを考えてもしょうがないかも」

「あ、ああっ！」

さも当然とばかりに、私は身を屈めてペニスを咥えました。

彼にとっては初めてのフェラチオであり、首をS字に振っておチ○チンをたっぷりしゃぶってあげたんです。

「ふっ、ンっ、ふぅン」

「あっ、そんな、汚いですっ」

ぷるぷるひくつく様子がかわいくて、お口できれいにしてあげると、萎《な》えかけていたおチ○チンにみたび硬い芯が入りました。

そのまま膣の中に招き入れ、今度はめくるめくエクスタシーを心の底から味わえたんです。

翌日からアパート探しを手伝ってあげ、欲求不満はすっかり解消されました。

夫の目を盗んでは、私はいまだに彼のアパートで禁断の関係を続けているんです。

第二章
爛漫な肉体を濡らし 牡を惑わす牝の魅力

素人告白スペシャル
春の田舎で出会った美熟女たち

農家の手伝いで初恋相手の美従姉と再会 誰もいない田んぼの中でナマ青姦絶頂！

佐藤裕久　会社員・三十歳

僕は上京して一人暮らしをしています。実家は農業を営んでいます。田舎の人手不足も深刻で、折にふれて帰ってきてほしいと言われていましたが、もう少し都会の暮らしを楽しみたいと拒んできました。

けれどこの春、大黒柱の父が病《やまい》に倒れて、否応《いやおう》なく実家の手伝いに帰らなければならなくなったのです。実家の周辺には男手がありません。

無理を言って休暇をとり、田植えに間に合うように帰省しました。人を雇う余裕もないので、祖父や祖母、母らと総出で田植えをしていました。

実家で暮らしていたころはたまに手伝っていたものの、慣れない作業を続けるうちに間もなく足腰が悲鳴をあげはじめました。

今年は気温も高く、汗まみれになり、思いのほかつらい作業だと実感しました。本当に田植え期間で終わるのだろうか？　なんて弱気になりながらあぜ道で休んでいたとき、ふいに女の声で名前を呼ばれました。

顔を上げても一瞬誰だかわかりませんでした。

「久しぶりね、元気だった？　フフ、ずい分疲れた顔しちゃって」

にっこりと微笑んだ顔を見て、ようやくそれが従姉の沙織《さおり》姉さんだとわかったのです。

彼女と会うのは八年ぶりくらいでした。

以前よりも、顔や体がふっくらとしていて、大人の女という感じがしました。僕より五歳年上なので、もう三十五歳になっています。

女性の二十代と三十代というのは、男のそれとくらべて、だいぶ変化があるものだと思いました。

彼女は、僕の家の事情を知って手伝いにきてくれたのです。

三年前に結婚したらしいのですが、子どもが出来ぬまま離婚して出戻っていると、親から聞いていました。

「まあ、すっかりあか抜けて、カッコよくなったねえ」

そんなふうに言われて、顔が真っ赤になってしまいました。

実を言うと、子どものころよく遊んでもらった彼女は僕の初恋の相手で、初めてのオナニーの妄想相手でもあるのです。

彼女の家も農家ですが、農家の娘にしては色が白くて昔から美人だったので、あこがれている男は何人もいました。

僕は、親戚であるという特権でいつも彼女にまとわりつき、周囲の男たちから羨望《せんぼう》のまなざしで見られるたびに、得意げな気持ちになっていました。

いまは熟女のような貫禄がありますが、それでも当時の面影は強く残っていて、離婚しても次の男はすぐに見つかるだろうな、なんて思いました。

家族分の弁当を作ってきてくれたのですが、そんな優しさも昔と変わっていません。

翌日も手伝いにきてくれると聞いて、なんだか急に元気になってきました。

翌日は家族で手分けして田植えすることになり、僕と沙織姉さんは、いちばん山側の斜面に作った田んぼを任されました。

斜面であるため機械が入れず、すべて手作業で植えなければなりませんが、その分面積も小さいので負担は軽減されます。

周囲の田んぼはよその敷地ですが、高齢化で斜面まで活用する人が減ってしまったため人影はありません。

見晴らしもよく、春のさわやかな風が汗ばむ体に心地よく吹き抜けました。

そんなところに沙織姉さんと二人きりなのだから、うれしくて、いやでも力が入ってしまいました。

「あれ、今日はずい分元気ね。だいぶ慣れてきたのかしら？」

彼女にあまり負担をかけたくなくて、張り切っていたのです。

そうしながらも、ときおり彼女のことを盗み見して、ちゃっかり楽しんでいたのです。

野暮《やぼ》ったい野良《のら》着なのですが、腰を曲げて作業するので、むっちりとした大きなお尻が目の前にあったりするわけです。

前方から見れば、屈んだ拍子に大きな胸がタプタプと揺れているのがわかりました。

都会の女のような派手さはありませんが、日焼けしないように肌をおおい隠した姿だからこそ、その内側に思いをはせてしまうのかもしれません。

「もう半分以上終わったから、お昼にしましょうか」

木陰《こかげ》に並んで座り、彼女の作ってきてくれた弁当を食べました。

弁当を食べている間も、彼女の横顔などをチラチラ見ていました。やっぱりきれいな人は年をとってもきれいだな、なんて思いながら、初恋の甘ずっぱい思い出にひたっていたのです。

麦わら帽子と手ぬぐいをはずした白いうなじに、束ねた髪のおくれ毛が張りついていました。汗ばんでいるだけなのに、風呂上がりの姿を連想させ、とても色っぽく見えました。

オナニーの対象だった女性だけに、甘い感傷だけでなく、ついついいやらしい目でも見てしまうのです。

もちろんそんなことはおくびにも出さず、他愛のない世間話をしてごまかしていました。

「うちの手伝いまでさせちゃって悪いね。沙織姉さんも疲れたでしょう?」

感謝の気持ちで労《ねぎら》うと、彼女は少し寂しそうな顔をして首を振りました。

「ううん、どうせ家には居づらいのよ。ほら、出戻りだから。体裁《ていさい》悪くてね」

いつもにこやかな彼女のそんな顔を見たのは初めてだったので、あせってしまいました。

なにしろ田舎なので、離婚なんて一大事なのです。隣近所に噂されて、つらい思いをしていたのでしょう。

「そんなこと気にするなよ。沙織姉さんならすぐにまたもらい手が現れるってば」

慰めではなく、本当にそう思って言った言葉でした。

けれど彼女は、「優しいのね」と少し涙ぐんで答えたのです。

「もう三十五歳だもの。一生独身でいる覚悟はしているのよ」

確かに都会と違ってこの田舎町では、その歳の女が再婚するなんて難しいという風潮はあります。傷モノだなんて揶揄《やゆ》されることさえあります。

それがわかるだけに、悲しそうな顔をしている彼女を何とか励ましたい気持ちでいっぱいになりました。

「こんなにきれいで優しい女は都会でもめったにいないよ、本当だよ」

つい興奮してしまい、彼女の手を握り締めていました。

すると彼女が、僕の手を握り返してきたのです。

「お世辞でも、すごくうれしいわ」

柔らかく繊細な彼女の指先の感触に、ゾクッとしました。それと同時に、けっしてお世辞なんかではないことを、どうしても証明したくなったのです。

思わずギュッと抱きしめていました。

「ずっと沙織姉さんにあこがれていたんだ。沙織姉さんは僕の初恋の相手なんだよ」

告白してしまうと、その当時の記憶が呼び覚まされて、何だか急に胸が熱くなってきました。

「いまだって、こうして再会できてうれしくて仕方ないんだ」

彼女は僕の突然の告白にとまどった様子で、腕の中でじっとしたまま押し黙っていました。

僕もそのあとどうしてよいのかわからなくなり、ただ無言で彼女を抱きしめていました。

実際にふれた彼女の体は想像以上に柔らかく、そうしているだけで下半身がムラムラしてきました。

そのとき突然、彼女がキスをしてきたのです。

僕ももちろん未経験ではないけれど、女性のほうからキスをされたのは初めてだったのでビックリしました。まして彼女は従姉なのです。

本来であればそんなことをして、許される関係ではありません。

ふっくらとした唇を押しつけながら、僕の体にしがみついてきました。

「ごめんね、いけないわよね。でも、味方をしてくれたのはあなただけだわ」

しっかり者で、いつも僕の面倒を見てくれた彼女の、か弱い部分を初めて見た気がしました。

「僕はこの先も、ずっと沙織姉さんの味方だよ」

従姉でなかったら、いまなら僕が嫁にもらいたいくらいだと本気で思いました。

そんな、どうにもならない関係性への歯がゆさをかき消すように、僕も彼女の唇を強く吸いながら舌をねじ込んだのです。

彼女は拒むどころか、舌を伸ばして僕の舌に絡ませてきました。舌を吸い合ううちにどんどん興奮してきてしまい、彼女をそのまま地面に押し倒しいました。

人けのない田んぼは静まり返っていて、互いの息づかいしか聞こえません。

「はぁ、はぁ、沙織姉さん。僕、おかしな気分になってきたよ」

あおむけに寝た彼女におおいかぶさったまま、ふくらんできた股間を太ももに押しつけていました。

「いいのよ、さわって。ここには誰も来ないわ」

彼女は僕の手をとり、自分の胸に押し当てました。

万が一、誰かがこちらを見上げたとしても、手入れをされていない周囲の田んぼの伸びきった雑草がおおい隠してくれるはずだと思いました。

あおむけに寝てもふっくらと盛り上がっている柔らかい胸をもむと、彼女はかすれるような喘ぎ声を洩らしはじめました。

「アハン、ア、ア、アアン、気持ちいい……」

彼女の体はとても敏感に反応しました。

離婚したくらいだから、かなり長いことやっていないことは察しがつきました。こんな田舎では、軽く遊ぶ相手など簡単に見つからないし、だいいち現役の男自体がほとんどいないのです。

うっとりとした表情を浮かべている顔を見つめながら、ブラウスのボタンをはずしました。

豊満なおっぱいは、はち切れんばかりにブラジャーの中に押し込まれていました。彼女がそれを突き出すようにのけぞったので、夢中でブラジャーを押し上げていました。

服の上から見るよりも迫力のあるおっぱいが、ブルルンと飛び出してきました。色が白い分だけ先端の、褐色の乳首が際立って見えました。ブドウのような乳首はツンと硬く勃起していて、熟女の艶《なまめ》かしさに溢れています。

幼いころ、頭の中で思い描いたものよりも数倍グロテスクで、いやらしい形をしていました。

もしも彼女が離婚していなかったら、ふれるどころか見ることもなかっただろうその胸を、力いっぱいもみながら乳首を舐め回していました。

「アフ〜、そんなふうにベロベロいやらしく舐められたら、おかしくなりそう」

白い肌は、興奮のためかほんのり赤く染まっていて、汗ばんだ肌は僕の顔面にねっとりと吸いついてきました。

「いいよ、おかしくなっても。」乱れた沙織姉さんも見てみたい」

僕の言葉に反応したかのように、乳首がさらにコリッとすぼまりました。

「アァ、アン、待って。私も、気持ちよくしてあげたい」

彼女は悶えながら、僕の股間に手を伸ばしてきました。

「まあ、すごく硬い。ねえ、舐めさせて」

今度は僕が押し倒されていました。

あおむけに寝てみると、ひさしのように伸びる木の葉の向こうに青い空が広がっていて、あらためてとんでもない場所でしているのだと実感しました。

慣れない肉体労働と、激しい興奮のためにびっしょり汗をかいていた背中に、木陰の土がヒンヤリと心地よくて、シャツを脱ぎ捨てました。

「案外たくましいのね。あんなに甘えん坊だったのに。大人になったのね」

彼女は僕の素肌を優しくなでながら、肩や胸に柔らかな唇を押し当ててきました。チロチロといやらしく舐め回されたのです。

最初はくすぐったかったのに、慣れてくるとものすごく気持ちがよくて声を出してしまいそうになりました。

昔のように彼女に甘えてみたくなって、身をまかせることにしました。

すると、胸を這い回っていた舌が、だんだんと下半身のほうに移動していきました。

彼女は上目づかいで僕の顔を見上げながら、ズボンをおろしはじめたのです。

トランクスを脱がされるときは、少し緊張しました。

なにしろ初恋の相手ですから、その辺の女に見られるのとはわけが違います。

早くさわってほしいと思う反面、もっとかっこいい下着を着けていればよかったとか、朝シャワーを浴びておけばよかったとか、複雑な心境になっていました。

けれどもペニスを引っぱり出した彼女は、そんな心配をかき消すような勢いで大きな口を開いてしゃぶりついてきたのです。

「ああっ、すごい！　興奮してきちゃう。イヤなこと全部忘れられそうよ」

唾液まみれの舌先で亀頭を舐め回されているうちに、僕の雑念も吹き飛んでいきました。

口の中にすっぽりと呑み込まれてしまうと、今度は射精をこらえるのに必死でした。まだ出したくない、少しでも長い時間彼女とこうしていたいと思いました。

柔らかな唇が吸盤のように吸いついてきて、口の中では舌がクネクネと動き回りながらペニスに巻きついてくるのです。

見おろすと、いつの間にかほどけた髪を振り乱している彼女と目が合いました。とろけそうな顔をして、何かにとりつかれたみたいに一心不乱に頭を振っている姿は、僕の知っている優しいお姉さんとは別人のようでした。

性欲にまみれた、だらしのない、ただの淫乱な熟女という風情です。きっとそんな顔は、結婚していた相手にしか見せたことはないはずです。

僕は、彼女のそんな姿を見られたことに、男としての自信を持ちはじめていました。

「沙織姉さんのアソコも舐めてあげる。僕の顔を跨いでいいよ」

初恋の人のアソコを舐めるなんて、本来なら恐れ多くて委縮《いしゅく》してしまうはずなのに、彼女があまりにも淫らになってくれたおかげで自然と求めることができたのです。

屋外なので、さすがに彼女も一瞬ためらうそぶりを見せましたが、えいっというふうに目をつぶり、ズボンと下着を脱ぎはじめました。

まぶしいほど白くふくよかな下腹部が見え、やがてその下の、黒々とした密毛地帯が姿を現しました。

「こっちに顔を向けて。沙織姉さんの顔を見ながら舐めたいんだ」

顔の上にしゃがんだ彼女のアソコが、目の前に迫ってきました。

きゅっと閉じた太ももに頰を挟まれながら、陰毛の奥を左右に押し広げました。

べっとり濡れた赤い突起が見え、そこから続く割れたヒダも、愛液を滴らせていました。

「はぁ、すごいよ！　ヌルヌルでいやらしいね。いっぱい舐めてあげるからね」

クリトリスに舌を伸ばすと、彼女が「ヒィ」と叫んでのけぞりました。

彼女がよがるたび、プルン、プルンと揺れるおっぱいを見上げながら、がむしゃらに舐め回しました。

「ハヒッ、ハァン、いいわ、いいわ、アハンッ」

しだいに彼女は自分から腰を振りはじめて、僕の顔に陰部を押しあててきました。

鼻先にこすりつけられたクリトリスが、だんだんと硬く熱くなってくると、喘ぎ声もひと際大きくなりました。

「イキそう、あぁ、もう……ハァァ、イクーッ！」

顔面を圧迫していた太ももがブルブルと震えはじめ、舌先に、ねっちょりとした愛液がタラタラと滴り落ちてきました。

顔面騎乗で女がイクところを見たのは初めてだったので、ひどく興奮しました。もはや従姉だろうが何だろうが関係ないという境地に達していました。

それは彼女も同じだったようです。

「入れて、お願い！　硬いやつでグリグリされたいの」

彼女は僕の顔を見おろしながら、泣きそうな顔で訴えてきました。

上気した頬をゆがませて、だらしなく口を開けているのに、いままで見てきたどの顔よりも魅力的でした。

「入れてあげるよ、入れてあげるからそのまま腰の上に来て」

おっぱいをもみながら促《うなが》すと、彼女はゆっくりと腰をずらしはじめました。

「こんな女でごめんね、幻滅したでしょう。でも、もう我慢できないの」

彼女は僕の股間に跨ると同時に、ゆっくりと腰を動かしはじめました。

「幻滅どころか、ますます好きになりそうだ。もっとよがっていいんだよ!」

ヌルついたヒダにペニスを圧迫されると、僕のほうこそ我慢が効《き》かなくなってきました。

ゆさゆさ揺れる腰をぐっとつかんで、いきり立ったペニスを突き上げました。

「あっ、あっ、入ってきた。従弟のオチ◯チンを、私、入れてもらったのね」

沙織姉さんは小声でつぶやきながら、より深く入るように腰をクネクネと回転させました。

ニュプッと生ぬるい沼に吸い込まれるような感覚でした。

深くて柔らかい肉壁にすっぽり包み込まれたペニスは、その中でさらに膨張しました。

「うっ、うはぁん、来てっ、奥までえぐってぇ!」

僕のものが力強くそり返ると、それにこたえるかのように彼女の中はきつく締まって、ペニスを刺激してきました。

なめらかな尻の肉をがっちりつかんで指を食い込ませながら、これでもかというほど強く何度も、腰を突き上げました。

ピストンが激しくなると、跨っている彼女の体も毬《まり》のように上下に弾みました。肉と肉がぶつかる音と、びしょ濡れのアソコから洩れ出る湿った音がこだましました。

ときおり吹き抜ける風が木の枝や雑草を揺らしましたが、淫らな喘ぎ声は、ほかのすべての音をふさいで僕の鼓膜に突き刺さってきました。

「イッちゃいそうっ、アッ、アアーッ、来て、来て、来て！」

彼女が狂ったように頭を振りはじめたとき、何度も我慢した射精が急激に迫ってきました。

「出る！」

まさかそう言って、彼女がさらに股間を押しつけてくるとは思いませんでした。

「いいの、お願い、このまま、いいの、いっぱい出して！」

彼女のエクスタシーに呼応してしまい、波打つ肉壁に搾り取られるみたいにドビュ、ドビュッと精液が溢れ出していました。

僕が射精しても、彼女はしばらくの間、ゆっくりと腰を動かしていました。

「離れがたいわ」

彼女がそうつぶやいたとき、坂の下から登ってくる人影が見えました。母が心配して様子を見にきてしまったのです。

彼女は太ももや膝小僧にへばりついた泥や草を払いのけ、大あわてで野良着を身につけました。

「ほら、あなたも早くパンツをはきなさい」

いざとなるとやはり昔の沙織姉さんの顔に戻って、僕の世話を焼いてくれるのです。

そして何ごともなかったように笑顔で立ち上がり、母に手を振っていました。

山中で遭難してしまった四十路艶熟女救助してくれた山男に淫猥なお礼をして

戸田千鶴　会社員・四十歳

バツイチ四十四歳の、女性会社員です。

離婚原因は、いつまでも子どもが出来ず、会社員を続けていたことを夫の両親から責められつづけ、耐え切れなくなったからでした。

気持ちを切り替えようと会社に異動願を出したら、予期せぬ田舎への事例が下りました。地名は避けますが、雪を頂いた連峰《れんぽう》を臨《のぞ》む寒々とした田舎町です。

ある休日、私は山菜とりに近くの山に登ることにしました。都落ち（というとこの地の方に失礼ですが）したことに対する開き直りもありました。

スマホのネットで、このあたりで採れる食用の山菜を調べ、暖かい日だったので軽装で山に登りました。

山菜摘みは面白く、一人でできる趣味を見つけたと喜んだものでした。日が暗くなっても、そのまま続けていました。

結果的に遭難しました。山の気候もその日の気温も調べず、食料もコンパスももたずに軽装で出かけたからです。

町の照明がないと、こんなに暗いのかと驚き怖かったのを覚えています。加えて怖ろしい寒さが周囲に漂っていました。生まれて初めて死を覚悟しました。私はネットや山岳雑誌でいうところの、山をなめた登山者だったのです。

闇夜の全方向に向かい、私は泣きながら声を限りに助けを求めました。

やがて懐中電灯の光が見えました。天の助けだと思ったものです。

「なんじゃ、あんた、こんなところでなにをしてる?」

顔は見えません。野太い男性の声でした。

その男性は山奥の一軒家で自給自足をしているとのこと。針が落ちても聞こえるような静寂《せいじゃく》の中で、女の声がしたので周囲を調べにきたとのことでした。

「助けてください。お願いします」

怒られても怒鳴られてもいいから、命を助けてほしい気持ちでいっぱいでした。

「いまから下るのはトーシロには無理だ。わしの家に来い。足元に気をつけろ」

いかにも山の奥にありそうな小さな家でした。中に入ると囲炉裏《いろり》があり、鍋からおいしそうな湯気が立っていました。

「腹減っただろ？ 食えよ。アレルギーはないか？」

アレルギーを聞いてきたことに違和感を覚えました。

「都内で外食産業の上場企業に勤めてたんだ。なにもかもイヤになって、いまじゃここで原始生活だけどな」

偏見もあるかもしれませんが、なんとなくそれで、その男性、太田雄一《おおたゆういち》さんを信頼したのでした。

囲炉裏にくべられた鍋料理は存外においしく、怖ろしい寒さと恐怖のあとで心から身に沁《し》みました。

太田さんは濃い無精ひげを生やし、昔話に出てくるマタギのような格好をしていましたが、なんとなく元は知的な仕事をしているような風貌でした。背も高く、この地の訛《なま》りはあるものの、言葉づかいも洗練されたものでした。

私の軽卒をひとしきり叱《しか》ったあと、太田さんは言いにくそうに切り出しました。

「ここで布団を敷いて寝てくれ。客用の用意なんてないから俺の予備だがな」

そうしてさらに言いにくそうにつけ加えました。

「風呂が沸いてるから入れ。大丈夫、のぞいたりしないよ。最近はどこもコンプライアンスがうるさいしな」

折にふれて出てくるビジネスワードに思わずクスリとしました。

着替えなどの用意はありませんでしたが、山奥の小屋のお風呂は想像以上に気持ちよく、生き返る気分でした。異様な展開に驚きつつも、助かった安心感と太田さんへの感謝でいっぱいでした。

浴室を出ると、耳が痛いほどの静けさが身を包みました。

囲炉裏のそばに、粗末な布団が敷いてありました。用意をしてから太田さんは遠慮して別の部屋に入ったのだとわかりました。

わかりやすい男くさい布団でしたが、気にはなりませんでした。おかしなフェチなどないのに、思いっきりにおいを嗅いでしまいました。

ふと、太田さんのプライベートをまったく知らないことに気づきました。

独身か既婚か、生計はどう立てているのか、下界とのつながりはあるのか、まったくの謎でした。このときだけ、ちょっと怖くなったのを覚えています。

初対面の怪しい男性とひとつ屋根の下で夜を過ごす。

私自身の離婚と僻地《へきち》への異動で芽生えていた開き直りが、ここでも頭をもたげました。一つだけ、妙な確信があったのです。

太田さんは長い間女性と接していない、ということでした。

エリートビジネスマンの片鱗《へんりん》が残っているのに、私と話すときはいつも目をそらしていたのでピンときたのです。

四十過ぎのバツイチのオバサンですが、自分でも驚くような行動に出ました。

遭難しかけて命拾いしたことも、わけのわからない勇気に拍車をかけていたのだと思います。

「太田さん」

そっと言ったつもりでしたが、おそろしい静寂を破るには充分でした。

「おっ、何じゃ?」

粗末な扉の向こうで、太田さんのあわてる声が聞こえました。

「失礼します」と言って扉を開けました。なんだかデリバリーヘルス嬢になった気がちょっとしたものです。

「戸田《とだ》さん、なんじゃ、こんな時間に？」

薄暗い中で布団から身を起こした太田さんの声には、怒りと当惑が混じっていました。

「私には、これぐらいしかお礼ができません」

部屋に入り、布団の横で正座しました。

「お礼って、あんた……」

ここまで来て、部屋に帰れとは言われたくありませんでした。

私は正座したまま上着を脱ぐと、立ってズボンもおろしました。

「ちょっと待て。ええんか、あんた？」

「どうぞ、好きなようにしてください」

こんな芝居がかった言葉を口にしたのは生まれて初めてです。

呆然自失《ぼうぜんじしつ》の太田さんに見つめられながら、私は素っ裸になりました。

照明は全くありませんでしたが、窓からは月明りがこうこうと差していました。

「よろしくお願いします」

深々と頭を下げると、遠慮がちに太田さんの布団に入ろうとしました。

「うおおおっ！」

「きゃあっ⁉」

いきなり太田さんに身体をつかまれ、布団に引きずり込まれました。

最初、不道徳な私の行為に太田さんがキレたのかと思ったものでした。

「おおお、裸の女子《おなご》じゃあ！」

おなごなんて言葉、耳にするのは初めてです。

息ができないぐらい強く抱きしめられ、私は背中やお尻を痛いほどもみくちゃにされました。

「なんと、なんと柔らかいんじゃあ」

「ん、待って、太田さん、落ち着いて。私は逃げないわ」

言い終えることもできませんでした。太田さんが顔をぶつけるようにキスをしてきたからです。

驚くと同時に、髭もじゃとのキスはこんなにワサワサしているのかと、野趣《やしゅ》を覚えたのを肌が覚えています。

太田さんはいきなり身を起こし、着ていたものを全力で脱ぎ去りました。大あわてで脱ぐさまがまるでコメディのように見え、こんな状況でちょっと笑いが洩れました。

「えっ!? きゃあっ！」

いきおいよく私にのしかかると、両手で乳房をわしづかみにされました。水風船を割ろうとするような強い力でした。

「おおっ、チチじゃ、乳じゃ！ そうじゃ、こんな柔らかさだったんじゃ！」

痛みはありましたが、それ以上に私も異様に昂《たかぶ》っていました。

乱暴にもまれながら、自分の乳首が固くなっているのがわかりました。

太田さんが大きな舌でベロベロとダイナミックに乳房を舐めてきました。

「あああっ、いやあん！」

こんな声を出したのも初めてです。元夫とのセックスも、そもそもの最初から淡白でバリエーションの少ないものだったのです。

パートナーとセックスするという次元を超え、なにか熊か大猿に犯されているような気分でした。

「ああ、なんとなめらかで柔らかい。こんなもの口にしたの初めてじゃ」

本当に食べられてしまうのではないかと錯覚したほどでした。

「戸田さん、脚を広げぃ！」

広げてくれ、と言ったらしいのですが、早口すぎて、時代劇のお代官様のように聞こえました。

太田さんは大急ぎで身体を下げ、私の両脚をつかみました。勢いよく持ち上げたので、ぶん、という音が聞こえたような気さえしました。

「おお、おおおっ！　きれいなオマ◯コじゃ！」

本当に初めてづくし。オマ◯コなんて言葉を実際に耳にしたのもこのときが初めてだったのです。

一瞬の沈黙がありました。広げられた私の性器に太田さんが目をこらしていたのでしょう、明かりは絶望的に乏しかったですが、山奥で暮らしているうちに夜目が利くようになっていたのだと思いました。

「いやっ、あああっ！」

ついぞ出したことのないはしたない悲鳴がこぼれました。

太田さんが大きくて長い舌で、私の性器を乱暴に舐めほじったのです。

「戸田さん、よう濡れとるやないか。ええぞ、ええぞ」

余裕もないくせにそんなこと言えるんだ、とちょっと思ったものでした。

「ああっ、いやっ、そこばっかり」

膣口だけでなく、太田さんは割と正確にクリトリスも責めてきました。

「どうや、ここがええんやろ？」

野卑《やひ》な言葉づかいながら、どこかつくっているような不自然さもありました。言葉の訛りはまちがいなく近畿のものではなかったからです。

脚を閉じて逃げようとしても、赤い腫《は》れあとが残るぐらい両脚を強く握られていて、それもできません。

熊に舐められるミツバチの巣になった気分でした。

性器から口を離し、ゆっくりと身を起こした太田さんは、もう目がすわっていました。

「戸田さん、これ、入れてもええのんか？」

脅すような低い声で言いました。

遭難とは別種の怖さがありましたが、そもそもお礼の名目でここに来たので、私に否《いな》やはありませんでした。

ですが、太田さんの股間でそそり立つものを見て息を呑みました。

不敬なたとえですが、太田さんの男根は、聖画に出てくるバベルの塔みたいだったのです。あんな形、長さ、そして根元の太さでした。

「おおおっ、オマ◯コじゃあ！」

それこそ熊の咆哮《ほうこう》のような声をあげ、太田さんは私に入れてきました。

「いやっ、いやあああっ！」

私も黄色い声を張りあげていました。

私の性器の限界の太さだったのです。それを遠慮のない速さで突っ込んできたのですから、相応の痛みもありました。

しかし同時に、ここではどんなに声をあげても誰にも聞こえない。そんな疑似恐怖をどこかで楽しんでもいました。

巨根による痛みはありましたが、私自身が昂っていたこともあり、うまく言えませんが、その痛みも快感を高める燃料になっていました。

「うおおおっ！」

「いやっ、あああああっ！」

間をおかずに猛烈なピストンが始まりました。

「ダメッ、ああっ、壊れちゃう！」

顔を左右に振って抗議しましたが、太田さんは聞き入れてくれません。

なにかフル稼働している工場のピストンに犯されているような情景が頭に浮かびました。

ピストンに合わせて乳房も前後に揺れていました。その乳房の先にせつない痛みが走りました。充血で勃起していたのです。

いきなりその乳房をわしづかみにされました。

「ああっ、いやっ、あああっ！」

股間を猛烈な勢いで刺され、乳房をつかまれ、動けない私は、力なく首を振るだけでした。

「戸田さん、次は裏返しじゃ」

「えっ？」

ずぽん、と音が聞こえるぐらい勢いよくペニスが抜かれ、私は「うっ」と顎を出して呻《うめ》きました。

そして太田さんは片手を私の脇腹に添えると、一瞬でサイコロのようにあおむけにしたのです。

「ほら、ケツを上げぃ」

両手でお尻だけを高く持ち上げられました。への字の姿勢です。

「ほうほう、ちっこいケツの穴もまる見えじゃ」

お尻の穴に言及され、顔から火が出るほど恥ずかしかったのを覚えています。

「んああっ！」

前ぶれもなく、後ろから巨根をぶっ刺してきました。

「締りがええ、締りがええ！　あんた、最高じゃ！」

見えない背後から獣の咆哮を聞くのはなかなか怖いものでした。

きれいとは思えない布団に横顔を押しつけ、私はシーツをわしづかみにしました。身体じゅうの血液が逆流しているような錯覚を覚えました。でなければ、全身の体液が沸騰するような感じ、とでもいうのでしょうか。

頭が真っ白になりました。

「おおっ、戸田さんっ、なんか洩らしとるぞ!」

おしっこを洩らしたわけではありません。

「ほう、潮を吹いとるのか。泣きそうな声出しおってからに、なかなかにスケベ女やねえか!」

そう言って激しいピストンのさなか、私のお尻にシャープなビンタを食らわしてきました(後日、鏡で見たら赤い手のあとが指までくっきり残っていました)。

恥ずかしながら、四十四歳で初めて、イクという体験をしたのです。

「戸田さん、わしも、わしも限界じゃあ!」

ひときわ大きな声で叫ぶと、膣奥に繰り返し巨根の先を当てられました。限りなく痛みに近い、せつなくてうれしくて激しい感触でした。

「ぬおおおおっ!」

精液が身体に満ちるのがわかったのも初めてでした。野生人の熱い体液が私の身体を内側から襲ってきました。

射精を終えると、私はどさりとうつぶせになりました。

その隣に太田さんも身体を横たえました。

髭もじゃの原始人は、なぜか申しわけなさそうな顔をしていました。

「痛かったか？　怒っとるか？」

下卑た声音からそんな言葉が出たので、またクスリと笑みが洩れました。

「ううん。お礼をしにきたんだもの。喜んでもらえて、すごくうれしいわ」

ですが、この言葉も言い終えることができませんでした。またぶつけるようにキスをしてきたからです。

「んんん、あああ」

指先で乳首をいじられると、情けない声が洩れました。まだ感覚が鋭敏だったので、鳥肌まで立たせてしまいました。

「私、またここに来てもいいかしら？」

「ダメじゃ。もうここに来たらいかん」

意外な言葉を、最初のときのように、目をそらして言いました。

来る途中また道に迷ったら危険だ。楽しい経験に感謝している、と太田さんは歯切れ悪く言いました翌朝、私は太田さんに導かれ、下界に降りることができました。

あれから一ヵ月が経ちます。

またあの山に行こうと思っています。

太田さんに怒られないように、今度はしっかり装備して、暗くならないように早めに出かけるつもりです。そして今度は、ローションやエッチなグッズも用意して……。

ホワイトデーのお返しは鬼太オチ○ポ⁉︎
むちむちボディの三十路熟OLに迫られ

高梨和也　会社員・二十九歳

ある年の三月十四日、私はオフィスで頭を抱えることになりました。

その日は言うまでもなくホワイトデー。バレンタインデーにもらったチョコのお返しをしなくちゃなりません。

私も義理とはいえいくつかもらっていましたから、同僚の女子社員たちに用意のお菓子を一つ一つ渡して回ります。

最後の一つを渡し終えた直後のことでした。先輩の渡辺美和《わたなべみわ》がオフィスに戻ってきたのが目に入りました。

しまった……まずい。私が頭を抱えたのは、この渡辺美和がとんでもないクセ強キャラだったからです。

年齢は私より五つ上で私の直接の上司になります。しかも出身大学でも先輩とときています。美人で上背《うわぜい》があって仕事もできる人なのですが、性格はめっぽう押しが強くてワガママです。むっちりと肉づきのいい体型もあいまって、どこでも自分の都合を押しつけてくる様子はまるでブルドーザーみたいです。

もちろんこの美和からも、バレンタインチョコはもらっていました。言うまでもなく、彼女への返礼は十倍返しが鉄則です。もし気に入らない物なんか渡した日には、何日も嫌味を言われ、面倒な仕事をしこたま振られるはめになります。よりにもよって私は、その美和へのお返しを忘れていたのです。安物のお菓子でお茶を濁せる相手ではありません。といって、勤務中にちょっと買い物というわけにもいきません。

その日は美和に見つからないよう極力気配を消して過ごし、退勤時間と同時に、そっとオフィスから出ようとしたのですが……。

「高梨《たかなし》。待ちなさいよ。君、なんか忘れてない？」

私はあっさりと、美和に捕まってしまいました。万事休すです。私は小声で、うっかりお返しを持ってこなかったことをわびました。

「すみません。明日、必ずお持ちしますから……」

美和は、私の肩に腕を回してすごみます。

「あんたふざけてんの？　ホワイトデーは今日だよね？」

私は美和に引きずられるように、夜の街に出ました。てっきりブランド物の化粧品でも買わされるのかと思いましたが、意外にも美和が私を連れていったのは、地下にある小洒落たバーでした。

「君のおごりだからね」

そう宣言すると、美和は高そうなカクテルやブランデーを次々とあおっていきました。すっかり美和が出来上がってしまうまで、あまり時間はかかりませんでした。

「飲みすぎですよ、美和先輩。今日はもうこのへんで……」

私はタクシーで、美和を自宅マンションまで送ることになってしまいました。部屋の前まで連れてくると、いきなり美和は、私の手をぎゅっと握ってくるのです。

「あたしへのプレゼントが、これですんだと思ってんの？　もうちょっと世話になってる先輩に対して、日ごろの感謝を示しなさいよ。物じゃなく、体を使ってさぁ。わかるよね……？」

美和はそう言って、意味ありげな舌なめずりをして見せました。

私を強引にベッドルームに引っぱり込むと、美和はするするとビジネススーツを脱ぎ捨てていきます。私は困惑するばかりでした。

「まずいですよ、美和先輩。いちおう上司と部下の関係ですし……」

「つべこべ言うんじゃないの。先輩がヤリたいって言ってんだから、ほら……」

美和がブラジャーをはずした瞬間、私は思わず言葉を失いました。

Gカップは優にある爆乳が、眼の前でたぷたぷと揺れていました。淡いピンク色の乳首がツンと突き立っていて、私はズボンの中のものが一瞬でカチカチに膨張したのがわかりました。

美和先輩、むちむちなのは服の上からでもわかっていましたが、ここまでのエロボディの持ち主だとは、正直思っていませんでした。

いくら根っから真面目な私でも、こんな体を目の前にさらされてムラムラしないわけがありません。

私は、こういうたわわなおっぱいに目がないのです。

気がつくと私は、美和をベッドに押し倒し、熟れた爆乳にむしゃぶりついていました。

男の大きな手のひらでも包みきれない巨大なふくらみを、私は思い切り握りしめ、その柔らかさと重量感を堪能《たんのう》します。ああ、この感触、私の理想のおっぱいです。

小豆《あずき》のように固くなっている乳首の先端を指でつまんでやると、美和は、

「おっ、おおお……それ好きなの」

と甘ったるい声をあげます。

私はその声にもますます興奮し、夢中で乳首全体を口に含んで、ちゅううっとすすり上げます。

「うふぅーんっ、じょうずじゃない、キミ。とってもいいわ。でも……もっと乱暴にしていいのよ」

「乱暴……?」

これまで女性といたしていて、そんな台詞《せりふ》を聞いたことのない私は、とまどっ

て思わず聞き返してしまいました。まして、日ごろ高圧的な美和先輩ですからなおさらです。

美和は声を上擦らせて言いました。

「叩いて。美和のこのおっきいおっぱい叩いてぇ」

どういうことだ？　当惑しながら、私はおずおずと、たゆたゆと揺れる巨大な乳房のふもとを軽く叩いてみます。

すると美和は、じれったそうに体をくねらせるのです。

「いやあん、そんなのじゃダメよぉ。もっと思い切りぶってっ。あたし、痛くされると感じるの」

マジかよ。私は一瞬ためらいました。そんなこと言って、会社でいつもそうするように急にキレられたりしたらたまったものじゃありません。とはいえ、要求しているのは美和のほうです。

もう、なるようになれ！

私は日ごろのうっぷんをぶつけるように、力を込めて美和の爆乳をひっぱたいてやりました。

「びたん!」とかなり大きな音がしました。美和の白い乳房が、みるみる赤くなってきました。

私の不安をよそに、美和はうっとりと眼を閉じ、全身をのたうたせて、淫らなよがり声をあげるではありませんか。そして反対側の乳房を自分で持ち上げるのです。

「はぁうぅんっ。そう、それよぉ。もっと、もっとして、こっちのお乳もぶってぇ」

「こ、こうですか?」

言われるままに、私はもう一方の乳房にも平手打ちを加えます。

「はああんっ、そうですっ。とっても感じますっ。ねえ、言葉づかいもそんなのじゃダメです。もっと、もっと口汚くしてください」

驚いたことに、美和は完全な主従逆転を求めてきたのです。

どうやら美和は、セックスのときだけはゴリゴリのドMになってしまうようです。

ほほう、面白いじゃないか。だったら、これまで会社でさんざんな扱いを受けてきたお礼をしてやるぜ。そんな思いで、私は美和の突き立った乳首をぎゅーっとつねり上げてやりました。

「こうか？　こうされるのが好きなのか、このエロブタ女！」

「あひぃーっ！　そうですっ、美和はド変態のエロブタ女ですっ。もっと、もっと痛いことしてくださいませっ。折檻《せっかん》してくださいませっ」

口の端からだらだらヨダレを垂らして、美和は悶え狂います。

職場ではあんなに居丈高《いたけだか》な美和先輩が、ここまでのマゾ女とは。

私はいよいよ調子に乗って、美和の髪をつかみました。

「次はどうしてほしいんだ、このマゾブタっ！」

「お、お尻……お尻を叩いて調教してくださいませ、ご主人さま」

美和は自分でパンティをおろすと、四つん這いになって、乳房に負けず巨大なヒップをこちらに向けるのです。

最初は軽いタッチで、私はつき立てのお餅のようなそのヒップに平手打ちをくれてやりました。

「んはぁーっ！　もっと、もっとお願いしますっ。美和のお尻、もっと力いっぱいぶってくださいっ!」

ぷりぷりと桃尻を振って、美和はさらなる刺激をおねだりしてきます。私はさらに大きく振りかぶり、全力のビンタを美和の巨尻に叩きつけます。一発ではありません。二発、三発と続けざまに、左右の尻たぶを連打してやりました。

「んひぃっ! んひぃーっ! すごいっ! 悪い子の美和に、もっといっぱいおしおきしてくださいーっ! ああっ、ああっ、許して、もうイキそうですっ」

「なんだ、ケツ叩かれただけでイクのか? ほんとうに美和はどうしようもないドMブタだな、ええ?」

スパンキングを続けながら、私は口汚く煽ってやります。美和は尻肉の隙間にのぞくアソコから、すでにぷしゅぷしゅと潮を吹いていました。

「はいっ、美和はどうしようもない変態ドMのブタ女ですっ。ああ、イクイクイク、イキますぅーっ! あひぃーっ!」

美和はぶるんぶるんと大きなお尻を震わせて、あっという間に絶頂に達してしまいました。しゃばしゃばと陰部から溢れ出た透明な汁が、太ももを伝ってシーツに大きなシミを作ります。

私はチッと舌打ちして、最後にもう一度、美和の真っ赤になっている尻たぶをパチーンと叩きました。

「なに勝手にイッてんだよ。潮まで吹きやがって、本当にドスケベだな、あんた」

「あーっ、ご、ごめんなさい。感じすぎちゃって、我慢できませんでした……お許しください、ご主人さま」

私はズボンと下着をおろし、さっきからはちきれそうになっているジュニアを解放し、美和に見せつけてやりました。

「ほら見ろ。ご主人さまのここ、どうなってる？」

美和は四つん這いのまま、とろんとした目つきで私の雄々《おお》しく勃起したモノを仰ぎ見ました。

「ああ、すごく、大きくなってます。太くて、青筋立ってて、ズルムケで、とってもご立派です。こんなもの見せていただいたら、美和はますますいやらしく発情してしまいます……」

私は我慢汁が糸引くサオで、そんな美和の頬をバチバチと叩いてやります。

「へえー、そんなにこのデカいチ○コに興奮するのか？　え？」

「はい……もっと、もっとチ○コビンタしてください」

こんな屈辱的な行為にも、美和は「あんっ、すごいっ、もっと」とうれしそうに声をあげます。昼間の職場では人一倍プライドの高い美和からは、まったく想像もできない醜態《しゅうたい》でした。

「おい、自分ばっかり興奮してないで、ちゃんとご主人さまにご奉仕しろよ！」

「は、はい、申しわけありません、ご主人さま」

美和は両手で私のそこを捧《ささ》げ持ち、舌でぺろぺろとねぶり回しだしました。淫乱を自認するだけあって、美和の舌づかいは巧みでていねいで、たまらない気持ちよさでした。

「おお、なかなかご奉仕上手じゃないか。ほら、きんたまの裏まで舐めるんだぞ」

「はい、ご主人さま。こうですか？」

美和は私の股ぐらに顔を突っ込み、陰嚢の裏筋まで慈《いつく》しむようにべろべろに舐めしゃぶってくれるのです。

なにより、あの態度のでかい渡辺美和が、嬉々として私のペニスを味わっているという事実に、私はこれ以上なく高揚していました。

私は硬くそり立つものを、少々乱暴に美和の口内に押し込みました。

「そら、奥まで呑み込むんだ。ご主人さまのお道具で、その口を犯してやる。ありがたく頂戴《ちょうさい》しろよ」

私は美和の髪をつかむと、腰を使ってぐいぐいと強制ピストンをくれてやります。いわゆるイラマチオというやつです。

「んぐうっ!? んんっ、ん……んっ、んっ」

美和はすぐに、それを受け入れました。眉間に縦ジワを寄せ、口からおびただしい唾液を垂れ流しながら、じゅぽじゅぽと私のペニスを出し入れされるままです。

「あー気持ちいいわ、美和の口マ◯コ。ほら、根元まで咥えないと」

亀頭で喉の奥までつつかれ、美和は涙を浮かべてえずきながらも、健気《けなげ》に私のペニスを吸いつづけていました。この征服感が、たまりません。

私はひとしきりイラマチオで美和をいたぶったところで、口からナニを引き抜きました。

「いい子だぞ、美和。ほら、次はそのでっかいおっぱいでご奉仕するんだ」

「は、はい……こ、こう……ですか？」

絶え間ない責めの快楽に、M女美和は酔ったように顔を紅潮させ、瞳はもうほとんど焦点を結んでいませんでした。私に命令されるまま、美和は立て膝の姿勢になり、自分の巨乳を両手で持ち上げ、私のナニを挟みつけてくれます。

すでにヨダレでぬるぬるになっていた私のそれは、ふにふにとやわらかな美和の乳房の狭間で心地よく圧迫され、私はここでも思わず腰を動かしてしまいます。

美和はまるで本当にセックスをしているみたいに「あぁ……うぅん……」と悩ましい息を洩らし、私のリズムに合わせて乳房をこすりつけてくるのです。

「どうだ、このまま顔に精子ぶっかけてほしいか？　それとも、別のところに注ぎ込んでほしいか？」

「あうう、ど、どっちでも、ご主人さまのお好きなほうに……でも、もしよろしければ、最後に美和の汚い淫乱オマ◯コをいっぱい犯してほしいです……」

美和はもの欲しげな目つきでじっとこちらを見上げます。私は「いいだろう」とうなずき、ベッドにあおむけに横たわりました。

「挿《い》れたいんだろ？　上になって、自分で挿れてみろ」

私が指示すると、美和はうれしそうに私のナニの上に跨ってきました。

「あ、ありがとうございます、ご主人さま。ご主人さまのおち◯こ、つつしんでちょうだいいたします」

赤黒く膨張しきった私のモノを握ると、美和は上からそれを自分のワレメにあてがい、じわじわと腰を落としてきます。

「ああ、すごい……大きいのが、ずぶぶって入ってきます。ああ、カッチカチだわあ。まるですりこぎみたい。美和のオマ◯コ張り裂けてしまいそうです。ああ、気持ちいいっ」

せつなそうな表情で、美和は挿入の快感を存分に堪能していました。

むっちり体型から想像したとおり、美和は膣道も肉厚で、ペニスを包む圧迫感もぎゅっと強く、私が味わう快楽も極上でした。

私のモノを根元までずぶりと納めると、私の上にしゃがんだ美和は、たちまち腰をふしだらに振りはじめました。

上下に出し入れされるたびに、美和の内側のぬめるヒダヒダが私のペニスをみっちりと愛撫し、私は思わず「おっ、おおっ」と声が洩れるのを抑えきれませんでした。

「はあぁ、ご主人さま、美和の淫乱オマ◯コはいかがですか？　気持ちいいですか？」

「ああ、悪くないかな」

貪欲に逆ピストンを続ける美和の顔も悦びにゆがみ、ふたつの汗ばんだ巨大な乳房が私の頭上で踊るように弾んでいます。

美和は私の手をとり、その巨乳をぎゅっと握らせます。

「おっぱいも、おっぱいも虐《いじ》めてくださいませ」

私がコリコリの乳首をつねってやると、美和の唇から「あひぃん！」というよがり声とヨダレが溢れます。

「はあ、はあ、ああ、ご主人さま、美和もとっても気持ちいいですっ。ご主人さまのお道具が子宮まで突き抜けそうで、感じすぎておかしくなりそうっ！あっ、あぁーっ、もう、もう無理っ。ご、ご主人さま、も、もうイッてもよろしいですか？　美和の淫らマ〇コはもうイッてしまいますっ！」

美和は上から私を押しつぶそうとするみたいな猛烈な上下動をしていました。

ヴァギナの締めつけも増すばかりで、私の放出欲求もそろそろ限界が見えてきました。

「ああ、許してやる。思い切りイケっ！」

美和とリズムを合わせるように、私も下から腰を突き上げます。

「あぁーっ！　それダメぇーっ！　イッちゃうっ！　ご主人さまのバキバキおち〇こでイクぅっ！　ああーっ、ヒッ、ヒッ、ヒッグゥーッ！」

狂ったように頭を左右に振り、半ば白目をむいた美和は、絶叫とともに私の上でビクビクと痙攣しはじめました。

同時に、私の精巣も一気に破裂し、煮えたぎるような精液が美和の膣奥に向けてとめどなく噴き上がったのでした……。

次の日からも、職場での美和の態度はまるで変わりませんでした。相変わらず強引で高慢ちきな先輩社員です。

ただし、それは人目があるときだけの話です。エレベーターの中や給湯室で二人きりになると、たちまち従順な牝犬の顔になって、「今夜も、いっぱいおしおきしてくださいね」と媚《こび》を売ってきます。

そのギャップがたまらないので、私も人前では気弱でヘタレな後輩を演じつづけています。

それでも、あまりこちらのイライラがたまってくると、仕事中でもトイレや非常階段に呼び出して、五、六発ケツをひっぱたいてから、立ちバックで生ハメのおしおきをしてやります。もちろん、ワレメにはたっぷり濃厚精液をぶち込んだまま、終業時間までそのままです。

同僚に、溢れ出てくるいやらしいにおいがバレやしないか、ドキドキしながら何食わぬ顔で仕事をしている美和の姿を見ているだけで、私はまた勃起してきてしまうのです。

第三章

出会いと別れの狭間で生まれる卑猥な時

素人告白スペシャル
春の田舎で出会った美熟女たち

田舎に伝わる春祭りの風習に従う豊熟嫁初心な男根を喰らう過激中出し3P！

小崎竜太　会社員・五十歳

私は九州のとある田舎の村の出身です。現在はその村も大きな町に吸収され、地図にも残っていません。

娯楽もない小さな農村でしたが、年に一度のお祭りの日だけは別でした。

そのお祭りは、春になると村を挙げて盛大に行われます。五穀豊穣《ごこくほうじょう》と村人の安全を願い、明治時代から伝統的に続いているのだそうです。

一見、どこにでもある村祭りにすぎませんが、実はこの地域だけの独特の風習があったのです。

それが村の女による「男追い」と呼ばれるものです。

女房たちは農家の仕事に加えて家事、子育てと休む暇もなく働かなくてはなりません。そうした働きに報《むく》いるために、年に一度だけ羽目《はめ》をはずす機会を与えてやるのが、このお祭りの日なのです。

この日だけは、村の女が何をしようが目をつぶる、というのが男たちの暗黙の了解です。早い話が、自分の女房がよその男と浮気しようと、見て見ぬふりをする一日です。

もちろん最低限のルールはあり、子どもには手を出さないこと。祭りが終わってもしつこくつきまとわないこと、などがあります。それさえ守れば、女たちは何をやってもいいのです。

そのため祭りの日だけは、女たちは皆ソワソワと目を輝かせていたようです。男たちも自分の女房を心配しつつも、もしかして自分が誘われるのでは……と期待もしていたようでした。

しかし、そうした行為が大っぴらに行われていたのも、私が生まれる前の世代までです。私が成長したころは、古い噂話として伝わるのみでした。

私が高校三年生になった年の祭りは、きれいな桜が咲いた穏やかな日でした。ふだんは静かな村に屋台が並んで人でにぎわっています。友人たちと屋台でいろんな物を食べて回るのが、子どものころからの楽しみでした。

ひとしきり屋台を回ったところで一人でいると、顔見知りの女性に声をかけられました。

「ねえ、竜太《りゅうた》ちゃん。これから予定はある？」

「えっ？　いや、特にないけど」

「だったらうちに来ない？　ちょうど祭りのために用意しておいたお祝いの料理があるの。たくさんあるから、食べていってほしいのよ」

声をかけてきた女性は、近所の農家の友里恵《ゆりえ》さんです。三十六歳で結婚もしています。

友里恵さんとは小さいころから親しいつきあいがありました。よく家にも手伝いに行っては、自分の子どものようにかわいがってもらいました。

田舎の女性にしてはあか抜けてきれいでしたが、私にとってはかなり年上の人妻です。ただの大人と子どもの関係でしかありませんでした。

なので家に誘われたときも、まぁ料理をごちそうしてくれるならと気軽に考えていました。

ところが家に行ってみると、いつもは居る旦那さんの姿がありません。かわりに居たのは、友里恵さんと仲がいい恵子《けいこ》さんという女性でした。

「えっ、どういうこと?」

ようやく私も家の中の様子がおかしいことに気づきました。話に聞いていた料理も用意されていなければ、居間に布団が敷いてあったのです。

「ごちそうしてくれるんじゃなかったの?」

「いいから、こっちに来て」

私は友里恵さんに手を引かれ、恵子さんの前に連れてこられました。

恵子さんも幼いころからの顔見知りです。友里恵さんのような美人タイプではないものの、優しく親しみのある顔立ちです。

私は二人の女性に囲まれて、少し不安な気持ちになりました。

「ねぇ、今日はどうしてここに連れてこられたのかわかる?」

私が黙ったままでいると、友里恵さんがこう言いました。

「ふふっ、まだわからないの? 今日のお祭りはね、男追いっていって女の人が何をやってもいい日なのよ」

「私たち、ずっと竜太ちゃんが十八歳になるのを待ってたのよ。絶対にこの日に大人にしてあげようって相談してたの」

二人の話を聞いて、驚いたのは言うまでもありません。

早生まれの私は、四月の祭りの日は十八歳の誕生日を迎えていました。この年になれば、男追いのターゲットになってしまうのです。

まさかこの古い風習が残っていて、しかも自分が狙われていたなんて、まったく信じられません。

「向こうのお布団がある場所に行きましょう。あそこでたっぷりかわいがってあげるから」

二人に両脇を挟まれた私は、とうとう布団の上に引っぱり込まれました。

もしここで本気で逃げ出そうとすれば、私の力なら簡単にできたでしょう。しかしそうしなかったのは、やはり私も男だったからです。

当時の私は思春期の真っ盛りで、毎晩のようにオナニーで発散しなければならないほど性欲旺盛でした。

ぴったりと挟み込まれた二人の体からは、何ともいえない甘いにおいがします。

やわらかな胸まで押し当ててくるので、どうしようもなくムラムラしてきました。

「あら、もしかして興奮してきちゃったの？」

「やっぱり。竜太ちゃんも年ごろの男の子だものね」

二人は勃起していた私の股間に気づき、うれしそうに見つめていました。

私は恥ずかしいやら気まずいやら、それでいて興奮は収まりそうにありません。

そんな私の目の前で、二人は並んで立ち上がりました。

「じゃあ、待っててね。先に私たちが脱ぐから」

そう言うと、二人ともストリップのショーのように服を脱ぎはじめました。

どちらも少し恥ずかしそうにしつつ、しっかり私の視線を意識していました。見せつけるように一枚ずつ服を落とし、下着姿になりました。

ぽっちゃり気味の恵子さんは、地味な色の大きめの下着です。スレンダーな友里恵さんは、おしゃれな柄の派手な下着でした。

体型も下着も対照的ですが、どちらも刺激的で目移りをしてしまいました。

私が下着姿に見とれていると、二人は目配せをして同時にブラジャーをとりました。

「どう？　私たちのおっぱい」

「どうって言われても……」

私は口ごもりましたが、それはてれ隠しです。二人のおっぱいを同時に見せられて、本当はものすごく喜んでいました。

大きさは恵子さん、形のよさは友里恵さんと、それぞれに特徴がありました。成熟した大人の女性だけに、乳首は二人とも大きめです。ぷっくりと突き出した乳首を、すぐにもむしゃぶりつきたくなりました。

しかしまだ女性の体にふれたこともない私は、自分から手を出すことなどできません。

私がもじもじしていると、友里恵さんが私の手をおっぱいに導いてくれました。

「やわらかいでしょう？　これが女の人のおっぱいなのよ」

「う、うん……」

初めてさわる女性の肌は、とてもやわらかくて温かいものでした。

ふくらみを下からすくい上げてみたり、タプタプと手のひらで弾ませたりする私を、友里恵さんは微笑みながら見つめていました。

「こっちもさわってみて」

と、恵子さんまで強引に私の手をつかんで自分のおっぱいにさわらせました。まさに両手に花のような状態で、さらに順番に乳首も吸わせてもらえたのです。友里恵さんの肌は温かくて、とてもいいにおいがします。おっぱいを吸っているときも、ずっと肌のにおいを嗅いでうっとりしていました。

恵子さんはおっぱいが大きいので、顔が埋まってしまいそうです。肌のやわらかさも温かさも友里恵さん以上です。

大きな乳首を交互にれろれろと舌を使ってしゃぶっていると、二人とも「あっ」と小さく声を出していました。

「竜太ちゃん、上手なのね。すごく感じてきちゃった」

「ああ……うちの人に吸ってもらうときよりも、気持ちいい」

口々に褒められて悪い気はしません。張り切った私は、さらに力を入れて二人の乳首を吸い上げてやりました。

そうしておっぱいばかりいじっている最中も、私は二人の下半身をチラチラと気にしていました。

二人ともまだショーツをはいたままです。いつあれを脱いでくれるのか、そればかりを考えていました。

するとようやく、友里恵さんの手がショーツにかかりました。

私が固唾《かたず》を呑んで見守っていると、友里恵さんもそれに気づいたのでしょう。

「竜太ちゃんが、脱がせてくれる?」

そう言って、思いもがけないことを頼まれてしまいました。

もちろんそんなことをするのは生まれて初めてです。私は興奮で鼻息を荒くしながら、友里恵さんのおしゃれなショーツを引っぱりおろしてやりました。

スルリとショーツが裏返ると、まず目に飛び込んできたのは真っ黒な陰毛です。

薄く広がった陰毛の下には、私が見たくてたまらなかったあそこがありました。

童貞だった私にとって、その場所は、どうなっているのか未知の部分です。見えただけで手が震えてしまいそうでした。

「ふふっ、そんなに見たかったの? じゃあ、これでどう?」

友里恵さんは大サービスとばかりに、足を広げてあそこを見せてくれました。

割れ目の中もお尻の穴も、何もかもがまる見えです。あまりになまなましい眺めに、しばらく言葉を失ったままでした。

それを見て恵子さんも、私も脱がせてほしいとおねだりをしてきます。

恵子さんのショーツを脱がすと、こちらは濃い陰毛が広がっていました。

女性でもこんなに毛が生えるんだと、驚いてしまうほどの量です。割れ目も少し色が濃くて、小さな豆のようなものがはみ出しています。

二人のものを見くらべてみると形は似ていても、色やさまざまな部分の大きさが違います。

そうして私が夢中で股間を眺めているのを、二人は楽しんでいるようでした。

「そこに穴があるでしょう？　指を入れてみて」

「い……いいの？」

私は言われるままに、両手を使って二人の割れ目の奥にある穴へ、指を挿入してみました。

小さく口を閉じていた穴は、すんなりと指先を受け入れていきます。

その奥はやわらかくてとても熱く感じました。二人とも穴の中がヌルヌルと湿っていたので、滑り込んでいくようです。

「ああっ……」

「はぁんっ」

私が指を動かすと、それぞれ艶かしい声で喘ぎはじめました。

まだろくに女性の体も知らないのに、指だけで感じさせることができるなんて、なんだか自分がすごく思えてきました。

さらに激しく指を突き刺すと、あそこの中は潤《うるお》いを増してきました。二人の声もますます大きくなってきます。

私が指を引き抜いたときには、二人とも腰をいやらしくくねらせていました。

年下の私にこれほど感じさせられて、火がついてしまったのでしょうか。今度は二人が私に迫ってきました。

「ねぇ、私たちも気持ちよくしてあげるわ」

「そうね。たっぷりお返しをしないとね」

そう二人は言葉を交わすと、私のズボンを脱がせにかかりました。

どちらも待ちきれないように手つきが荒っぽく、あっという間にパンツも脱がされていきます。

すると勃起したペニスが、跳ね上がるように飛び出しました。

それを見た二人は「わっ、すごい」と大喜びでした。息がかかるほど顔を近づけて、しげしげと観察をしています。

「昔はちっちゃな子どもだったのに、こんなに立派になったのねぇ」

「もう十八歳だもの。ちゃんと大人になってるのよ」

恥ずかしながら、私は皮がむけたばかりでした。まだヒリヒリと痛くて亀頭はピンク色のままです。

それを大人になったと言われるのは、少し恥ずかしい気分がしました。勃起はしてもオナニーでしか使ったことがないからです。

「ふふっ。ピクピクしておいしそう」

友里恵さんはそう言うと、おもむろにペニスに舌を這わせてきました。

私はその刺激だけで、腰がビクッと浮いてしまいました。

「ね？　舐められると気持ちいいでしょう」

「う、うん……」

恵子さんに聞かれても、それ以上は言葉が出てきません。舌で舐められる感触は、自分の指でこするよりもずっと気持ちいいのです。

さらに口の中に吸い込まれると、そこは生温かくてたっぷり唾液が溢れていました。

亀頭を舐められ、口の奥まで吸われ、それが休みなく続けられます。まるで天国にいるような心地よさが下半身に広がってきました。

友里恵さんがペニスを吐き出すと、恵子さんも同じことをしてきました。

昔の田舎ではＡＶどころかエロ本さえろくに手に入らなかったので、こんなことをしてもらえるのが信じられませんでした。

私が快感にひたっている間にも、二人は交互にペニスをくわえては、たっぷりと口の中でもてあそんできます。

「ねぇ、もう我慢できない。私からでいい？」

「ダメ、私が先よ」

二人がいきなり順番を争いはじめました。

何事かと不思議に思って見ていると、ペニスを奪い取るように恵子さんが私の腰に跨ってきました。

「じゃあ、お先に」

くやしそうな友里恵さんを尻目に、恵子さんの大きなお尻が腰に落ちてきます。

その瞬間に、ずぶっとペニスが割れ目の奥に呑み込まれました。

私の腰には、先ほどより上の快感が、電気のように走り抜けていきました。

「ああ、気持ちいいっ！」

あまりに刺激が強すぎて、思わずそう口走ってしまうほどでした。

恵子さんも「ああんっ！」と喘ぐと、ずしりとお尻に体重をかけてきます。

そのまま休む間もなく、激しく腰の上下運動を始めました。お尻が沈んでくるたびに、あそこの奥に亀頭がぶつかっているのがわかります。

これほどの動きに童貞だった私が耐えられるはずがありません。

「ちょっと待って。もう出そう……」

私がそう言っても恵子さんは動きを止めてくれるどころか、逆にグリグリと腰を押しつけてくるのです。

とうとう私は耐えきれずに、恵子さんの中で発射してしまいました。

「うっ、ああっ！」

射精しながら何度も声が出てしまいます。

あまりに鮮烈な体験で、魂まで抜かれてしまったかのようでした。射精後も私はしばらく何も考えられず、恵子さんの体を見上げたままでした。

「これが初めてだったのよね。すごくよかったでしょう?」

「はい……」

返事をした私を、恵子さんはつながったまま、うれしそうに抱き締めてきます。

しかし一息をつく暇もありませんでした。待たされていた友里恵さんが強引に恵子さんを押しのけ、私の体にのしかかってきたのです。

「もう待ちきれないの。お願い、早く私にも入れて!」

ふだんの優しい友里恵さんとは別人のようでした。射精したばかりの濡れたペニスをくわえると、勃起させようと必死にしゃぶりついてきます。

童貞を失ったばかりの私は、その余韻にひたる余裕さえないまま、二度目のセックスをすることになりました。

勃起したペニスを、今度は友里恵さんの開いた足の間に押し込みます。

「ああっ! もっと……いっぱい突いてっ!」

挿入した途端に、友里恵さんは獣のように喘ぎはじめました。

いやらしく身悶えをしながら、布団の上で髪の毛を振り乱しています。友里恵さんのこんな姿は想像したこともありませんでした。

友里恵さんの中もたっぷり濡れていて、奥まで吸い込まれると気持ちよさも格別でした。

私は必死に腰を振りながら、今日一日の出来事を思い返していました。

今日はお祭りを楽しんでいたはずが、二人の女性を相手にセックスをしているのです。こんなことは夢の中でも起こらないでしょう。

「いいなぁ。私ももう一回したくなっちゃった……」

さっきセックスを終えたばかりの恵子さんが、今度は私たちの姿を見てうらやましそうにしていました。

私は手加減もせずに、ただ激しく腰を打ちつけるだけです。それが友里恵さんには大きな快感になったようでした。

「ひっ、いいっ、ダメッ、もうダメッ！」

友里恵さんの喘ぎ声は、やがて絶叫へ変わっていきました。

その声を聞きながら、私も快感に我慢できなくなり、最後に強く腰を押しつけました。

避妊なんて頭にはありません。恵子さんのときと同じように、射精が終わるまで、ペニスはあそこに埋め込んだままでした。

二度目のセックスを終えると、私にもようやく実感がわいてきました。

これで私も一人前の男だと、自信のようなものを強く感じたのです。十八歳になったことよりも、童貞を失ったことのほうが、より大人を実感できました。

もっとも私が一息をついていられたのも、ほんのわずかな時間でした。

二人は体を休めていた私に、もう一度とせがんできたのです。

「ねぇ、お願い。せっかく好きなことができる一日なんだから、もう少しだけ相手をしてほしいの」

「竜太ちゃんも遠慮なんかしないでいいのよ。まだ物足りないでしょう?」

どうやら二人とも、まだまだセックスがしたくてたまらないようです。

こうして私は日が暮れるまでの時間、たっぷりつきあわされてしまいました。

最後は三人とも布団の上にぐったりと横たわり、精魂尽き果てていました。飽

1 0 1 - 8 4 0 5

書籍のご注文は84円
アンケートのみは63円
切手を貼ってください

東京都千代田区神田三崎町2-18-11

二見書房・M&M係 行

ご住所 〒

TEL - - Eメール

フリガナ

お名前

（年令 才）

※誤送を防止するためアパート・マンション名は詳しくご記入ください。

24.3

愛読者アンケート

1 お買い上げタイトル（　　　　　　　　　　　　　　　　）

2 お買い求めの動機は？（複数回答可）

□ この著者のファンだった　□ 内容が面白そうだった
□ タイトルがよかった　□ 装丁（イラスト）がよかった
□ あらすじに惹かれた　□ 引用文・キャッチコピーを読んで
□ 知人にすすめられた
□ 広告を見た　　（新聞、雑誌名：　　　　　　　　）
□ 紹介記事を見た（新聞、雑誌名：　　　　　　　　）
□ 書店の店頭で　（書店名：　　　　　　　　　　　）

3 ご職業

□ 学生 □ 会社員 □ 公務員 □ 農林漁業 □ 医師 □ 教員
□ 工員・店員 □ 主婦 □ 無職 □ フリーター □ 自由業
□ その他（　　　　　　　　　　　　　　）

4 この本に対する評価は？

内容：□ 満足 □ やや満足 □ 普通 □ やや不満 □ 不満
定価：□ 満足 □ やや満足 □ 普通 □ やや不満 □ 不満
装丁：□ 満足 □ やや満足 □ 普通 □ やや不満 □ 不満

5 どんなジャンルの小説が読みたいですか？（複数回答可）

□ ロリータ　□ 美少女　□ アイドル　□ 女子高生　□ 女教師
□ 看護婦　□ ＯＬ　□ 人妻　□ 熟女　□ 近親相姦　□ 痴漢
□ レイプ　□ レズ　□ サド・マゾ（ミストレス）□ 調教
□ フェチ　□ スカトロ　□ その他（　　　　　　　　）

6 好きな作家は？（複数回答・他社作家回答可）

（　　　　　　　　　　　　　　　　　　　　　　　）

7 マドンナメイト文庫、本書の著者、当社に対するご意見、ご感想、メッセージなどをお書きください。

二見書房 公式HP

ご協力ありがとうございました

↓　この線で切

●ガーターベルトをつけた美人官僚《キャリア》[21174 720円]
●人妻 淫萌え【みだらもえ】[21028 740円]
●他人妻【ひとづま】[20185 719円]
●好色な愛人[20080 705円]
●人妻 背徳のシャワー[20014 705円]
【綾野 馨】(あやの・かおる)
●兄嫁と少年 禁断のハーレム[23002 750円]
●AI妊活プロジェクト 僕だけのハーレムハウス[22120 720円]
●アイドル姉と女優姉 いきなり秘蜜生活[21161 740円]
●両隣の人妻 母乳若妻と爆乳熟妻の完全奉仕[21050 720円]
●ハーレム・ハウス 熟女家政婦と美少女と僕[20121 719円]
●【連鎖相姦】義母+姉 淫欲のハーレム[20036 719円]
●熟母と隣の未亡人 二人のママと……[19109 694円]
【鮎川りょう】(あゆかわ・りょう)
●ふたりの巨乳教師と巨乳処女 魅惑の学園ハーレム[23016 750円]
●田舎の未亡人教師 魅惑の個人レッスン[21126 720円]
【新井 芳野】(あらい・よしの)
●巨乳お姉さんたちとのハーレム生活 田舎のオタクが三人の妻を娶りました[23133 790円]
●生贄アイドル 淫虐の美少女調教計画[22054 720円]
●生贄四姉妹 パパになって孕ませてください[21125 720円]
●隣のお姉さんはエッチな家庭教師[21002 720円]
【阿里佐 薫】(ありさ・かおる)
●母乳まみれ 濃厚ミルクハーレム[22156 720円]
●母乳しぼり わいせつミルクママ[22005 720円]
【石神 珈琲】(いしがみ・こーひー)
●絵描き女子に無理やり女装させられたら覚醒しちゃったんですけど[21086 720円]
【伊吹 功二】(いぶき・こうじ)
●義母の淫らな家 艶女たちの因習[23084 790円]

●向かいの未亡人[20205 705円]
●ネトラレ妻 夫の前で[20148 705円]
●回春の桃色下着[20096 719円]
【楠 織】(くすのき・しき)
●夏色少女 いとこの無邪気な遊戯[23070 790円]
●家出少女 罪な幼い誘惑[22184 720円]
●少女のめばえ 禁断の幼蕾[21202 720円]
【小金井 響】(こがねい・ひびき)
●女体化変態絶頂 闇のイキ果てアイドル[22037 720円]
●魔改造 淫虐の牝化調教計画[20139 705円]
●悪魔の治療室 禁断の女体化プログラム[19017 694円]
【佐伯 香也子】(さえき・かやこ)
●上流淑女 淫虐のマゾ堕ち調教[21142 720円]
●奴隷花嫁 座敷牢の終身調教[20175 819円]
●秘儀調教 生け贄の見習い巫女[20050 719円]
【桜井 真琴】(さくらい・まこと)
●淫ら人妻研究員[23005 770円]
●分校の女教師[22095 720円]
●内閣〈色仕掛け《ハニートラップ》〉担当局[21155 740円]
●灰色の病棟[21061 720円]
●女性社長 出資の代償[21013 740円]
●七人の人妻捜査官[20115 719円]
●人妻 夜の顔[20063 719円]
●下町バイブ[19029 722円]
【東雲にいな】(しののめ・にいな)
●俺の姪が可愛すぎてツラい[22071 720円]
【鈴川 廉平】(すずかわ・れんぺい)
●孕ませ性活 熟乳ママと悪魔のような少年[21021 720円]

●女生徒たちと先生と[19065 722円]
●人妻と官能小説家と・・・[18167 722円]
【館 淳一】(たて・じゅんいち)
●叔母の要求[21045 720円]
●人妻と妹と[19123 694円]
●美人社長の肉体調査[19080 694円]
●先生の淫笑[18168 722円]
【辻堂 めぐる】(つじどう・めぐる)
●処女の秘蜜 僕のモテ期襲来!![20174 728円]
●転生美少女 美術室の秘密[19167 694円]
【津村 しおり】(つむら・しおり)
●渚のはいから熟女 港町恋物語[23060 790円]
●孤独の女体グルメ 桃色温泉旅情[22171 720円]
●青春R18きっぷ 大人の冬休み 女体めぐりの旅[22021 740円]
●[青春R18きっぷ] 夜行列車女体めぐりの旅[21051 740円]
●青春R18きっぷ みちのく女体めぐりの旅[20156 728円]
【露峰 翠】(つゆみね・みどり)
●憧れのお義姉ちゃん 秘められた禁断行為[22136 720円]
●ときめき文化祭 ガチでヤリまくりの学園性活[21162 720円]
●ときめき修学旅行 ヤリまくりの三泊四日[20122 705円]
【殿井 穂太】(とのい・ほのた)
●巨乳叔母を寝取ることになった童貞の僕[23152 790円]
●妻の連れ子 少女の淫靡な素顔[23044 790円]
●処女覚醒 ふしだらな遺伝子[22105 720円]
●少女中毒【父×娘】禁断の姦係[21183 720円]
●痴女の楽園 美少女と美熟母と僕[21004 740円]
●教え子 甘美な地獄[20105 719円]
●妻の娘 獣に堕ちた美少女[20002 705円]

→　この線で切り取ってください

↑　この線で切

取ってください

← この線で切り取ってください

●鬼畜転生 愛娘の秘密[19071 694円]
【成海 光陽】(なるみ・こうよう)
●放課後奴隷市場 略奪された処女妹[20069 705円]
●美少女略奪 放課後奴隷倶楽部[19051 694円]
【乃坂 希】(のさか・のぞむ)
●絶頂セラピー 欲求不満の人妻たち[23153 790円]
【葉月 奏太】(はづき・そうた)
●奥さん、蕩けてますけど…[23146 900円]
●奥さん、びしょ濡れです…[23086 900円]
●未亡人だけ[23062 900円]
●訳あり人妻マンション[23018 770円]
●奥さん、丸見えですが…[22124 720円]
●僕の上司は人妻係長[22063 720円]
●誘惑は土曜日の朝に[21194 720円]
●隣室は逢い引き部屋[21121 720円]
●親友の妻は初恋相手[21014 740円]
【葉原 鉄】(はばら・てつ)
●寝取られ巨乳処女 淫虐のナマ配信[23043 790円]
●侵入洗脳 俺専用学園ハーレム[22154 720円]
●生意気メスガキに下克上!![22023 720円]
【羽村 優希】(はむら・ゆき)
●淫獣学園 悪魔教師と美処女[22135 720円]
●氷上の天使 悦虐の美姉妹強制合宿[21124 720円]
●[完堕ち]アイドル養成学校処女科[20104 705円]
●美少女の生下着 バドミントン部の天使[19182 694円]
●鬼畜教室 狙われた清純少女と女教師[18107 722円]
【藤 隆生】(ふじ・りゅうせい)
●M女子学院ゴルフ部巨乳特待生 闇の絶頂レッスン[21106 730円]
●人妻巨乳バレーボーラー 寝取られM化計画[20034 719円]

●南の島の美姉妹 秘蜜の処女パラダイス[23029 750円]
●おさな妻 禁じられた同棲[22052 720円]
●青い瞳の美少女 禁断の逆転服従人生[21052 720円]
●双子の小さな女王様 禁断のプチSM遊戯[20068 705円]
【八雲 蓮】(やくも・れん)
●淫辱村 肉人形にされた美熟妻[24001 790円]
●高慢熟女ダブル孕ませ[23096 790円]
【柚木 郁人】(ゆずき・いくと)
●美少女変態怪事件[21160 740円]
●奴隷帝国ニッポン 牝奴隷調教機関[20035 719円]
【吉野純雄】(よしの・すみお)
●黒髪の媚少女[21181 720円]
【綿引 海】(わたびき・うみ)
●はだかの好奇心 幼なじみとのエッチな冬休み[23003 750円]
●少女の花園 秘密の遊戯[22053 720円]
●なまいきプリンセス 姪っ子とのトキメキ同居生活[21107 720円]
●美少女島 聖なる姉妹幼姦[20173 728円]
●いじめっ娘ペット化計画[20051 719円]
●はいから姉妹 地下の拷問部屋[19148 694円]
【素人投稿編集部】
●相姦白書スペシャル 忘れられぬ熟母の裸体[24002 790円]
●素人告白スペシャル 熟女の絶頂個人レッスン[23109 790円]
●禁断告白スペシャル 背徳の相姦体験——田舎に残る禁忌と秘習[23098 790円]
●素人告白スペシャル 真夏の絶頂不倫旅[23085 790円]
●禁断告白スペシャル 隣の淫らな人妻と……[23061 790円]
●素人告白スペシャル 大人の絶頂初体験[23031 750円]
●素人告白スペシャル 旅路で出会った田舎の熟女[23017 750円]
●禁断告白スペシャル 母と息子の相姦体験[23004 750円]
●禁断告白スペシャル 棚ぼた年の差体験[22172 720円]

●禁断レポート イキまくる熟女たち[19203 694円]
●熟年白書 蘇った性春[19184 694円]
●素人告白スペシャル ナイショのお泊まり奥様[19168 694円]
●禁断白書 わたしの衝撃初体験[19149 694円]
●相姦体験告白 禁断のぬかるみにハマった母たち[19129 694円]
●素人告白スペシャル 背徳の人妻懺悔録[19110 694円]
●激ナマ告白 隣の奥様の秘密[19088 694円]
●禁断の相姦白書 禁忌を犯した熟女たち[19072 694円]
●熟年白書 人妻のぬくもり[19053 694円]
●素人告白スペシャル 食べごろ奥様の性生活[19039 694円]
●熟女告白 誰にも言えない痴態[19018 694円]
●相姦体験告白 故郷の性生活[19003 694円]
●人妻白書 禁断の昭和回顧録[18194 694円]
●熟女告白 私が人妻にハマった理由[18158 694円]
●熟女告白 不適切な関係[18085 686円]
●人妻告白スペシャル 初めての衝撃体験[18050 686円]
●相姦告白 田舎のどスケベ熟女[17050 686円]
●塾妻告白 おいしい不倫[18018 686円]
【性実話研究会】
●禁断レポート 感じすぎてしまうオンナたち[18177 694円]
●素人告白スペシャル 熟年世代の回春体験[18141 694円]
●熟年相姦 濡れた母の柔肌[18125 694円]
●禁断白書 ハラスメントな奥様たち[18108 694円]
●禁断レポート 痴女妻[18065 686円]
●禁断告白 奪われた母の操[18035 686円]
●相姦白書スペシャル 禁忌に溺れる女たち[18003 713円]
【夕刊フジ】
●私の性体験投稿 乱れる吐息[23145 790円]
●私の性体験投稿 年上の女[23071 790円]

取ってください

きるほどセックスを堪能した私は、明日からもこんな毎日が待っていると、そう信じていました。

ところが翌日になると、友里恵さんも恵子さんも顔を合わせても、いつもと変わりないのです。

まるで何事もなかったかのような態度であいさつし、それっきり家に誘われることもありませんでした。どうやら男追いというのは、本当にお祭りの日だけの風習だったようです。

あれから数十年がたち、現在の私は故郷を離れて暮らしています。

いまも春になると、あの祭りの日のことを思い出します。できることなら十代のころに戻り、もう一度あんな体験をしてみたいと、そう思ってしまうのです。

菜の花畑を描く春のスケッチ旅行……夜は絶倫おじさんたちの濃厚精汁を堪能

宮原優菜　専業主婦・三十八歳

短大時代に美術部だった私は、いまでも絵を描くのが趣味です。結婚してから専業主婦になって時間が出来ると、久しぶりに絵筆をとって、水彩画を描くようになりました。

でもそれだけではもの足りなくて、数年前にある絵画教室に入りました。少し名の知れた先生がやっている会で、興味を持ったのです。

ところが入ってみると、二十人ほどの生徒はみんな五十歳過ぎの方ばかりで、中には還暦を越えた人もいます。しかも男性がほとんどです。女性もいるにはいますが、四十歳前の女性は私ひとりで、すごく目立っています。わざわざ絵を習いにいくなんて、やはり高齢者の趣味なのかなと思いつつ、最初はなんだか居心地が悪くて、絵にも集中できませんでした。

というのも、周りの高齢男性たちの視線がすごいからです。若い女性が珍しいのか背後からじっとり見てくるし、なかには、私の服の中まで見通そうかというほどのギラギラした視線の男性もいます。いくつになっても男ってこうなんでしょうか。想像もしてなかったアトリエの雰囲気に、最初は驚きました。もしかしたら私、干支《えと》で言えばひと回り以上も年上の男性たちの欲望を刺激してるのかしら。そう思うと、なんだか先生にも申しわけない気持ちでした。

でも、そのうちそんな空気にも慣れてきて、みんなと会話も弾むようになりました。それでもやはり、唯一の若い女性の私はなんとなくチヤホヤされてる感じなのですが、不思議なもので、そんなふうに欲望の混じった目線を向けられることも、まんざら悪くないと思うようになってきたのです。

考えてみれば、結婚以来ずっとふたりきりの生活です。完全にマンネリだし、夫が私に向けてくる視線は、結婚したころにくらべるとずいぶん冷ややかです。それよりも、絵画教室で男性たちのよこしまな目で見られるほうが、女としての喜びが刺激されて、なんだか心地よいと思うようになりました。

「今度、みんなのモデルになってくれませんか？」

「もちろん裸婦ですよ」

なんて冗談も、あながち冗談ではないような感じがしました。もちろんやんわりとお断りするのですが、でもけっしてイヤな気持ちになっているわけではない自分に気づいたりするのです。

先生はそんな様子を見て不安になったのか、

「この会に若い女性が入るのはとても貴重だから、どうかやめないでね」

なんて言われました。もう若くもないのですが、「はい、大丈夫ですよ」なんて言いながら、しっかり絵を描くことも楽しんでいます。

でも、だからといって、まさかあんなことになるとは思いませんでした。夫には絶対に話せない、すごい出来事があったのです。

それは春のスケッチ旅行のことです。春になって花が咲きはじめたころ、みんなでスケッチ旅行に行くことになったのです。行く先は菜の花畑で有名な房総地方の某所。有名な観光地というわけではないけど、春になるとバスツアーなども多く訪れる場所です。

もちろん私も強くすすめられて参加することになりました。ほかには十人程度だったのですが、それが全員、初老の男性ばかりで、女性は私ひとりです。夫にはそのことは秘密にしました。

どんなところだろうと思っていたのですが、行ってみると一面の菜の花は別世界のようで、絵心を刺激されるのはもちろんですが、ただ眺めているだけでも来たかいがあったと思いました。ほかの人も同じなのか、みんないつになく熱心に絵筆を動かしています。まるでみんなが春を歓迎しているようで微笑ましく思いました。ただ、そんなほのぼのとした旅ですめばよかったのですが、現実はそんなに甘くはありません。

夜になると当然のように宴会が始まりました。みんなお酒が強いのでどんどん乱れていきました。私は唯一の女性ということで、あっちからもこっちからもお酌のリクエストがかかります。いまの時代、これって十分にパワハラやセクハラになるはずなのに、そんなことはおかまいなしの雰囲気で断るわけにはいかず、部屋の中をあちこちビール瓶やお銚子片手に動き回っていました。

そんなことをしているうちに、私のほうもだんだん酔ってきて、足元がおぼつかなくなってきました。

それでも、さすがに高齢だからか、やがて一人が部屋に戻り、二人目が出ていき、そうやって少しずつ人数が減っていきます。そのうち先生もいなくなりました。気がつくと、私以外は三人のおじさんだけになりました。

藤原《ふじわら》さん、高杉《たかすぎ》さん、峰《みね》さんというその面々は、ふだんから特にエッチなアクションの多い危険人物ばかりです。ほかの女性の生徒たちも、この三人とは距離をおいてるほどです。もしも私がシラフなら、あ、これはマズイなと思ったはずです。でも、私もすっかり酔ってしまい、理性がゆるんでいました。

「いつも風景や静物ばかりだから、たまには人物を描きたいね」

「もちろん、ヌードだよ」

「いま、この三人だけだから、奥さん、思い切ってヌードモデルにならない?」

本気とも冗談ともわからないことを言いながら、三人は私のことをとり囲んできます。でも、私はむしろその状況にわくわくしていました。

浴衣《ゆかた》の帯がゆるんで前が少し開いても、みんな高齢男性ばかりだしと思って直すこともせず、そのうちもっと露骨な下ネタが飛び交うようになっても、なんとなく受け答えていました。結婚してからこういう機会がないので自分では忘れていたのですが、考えてみたら、私はこういう空気がけっして嫌いではないのです。だから、教室でいちばんの古株の藤原さんに、部屋に行って四人でゆっくり飲み直そうやと言われたときも、さほど警戒心も抱かず、ついていったのです。いま考えれば、三人の間では暗黙の了解があったのだと思います。

相手は高齢のおじさんたちだし、恥をかかせたら悪いから、というのはたぶん言いわけです。私のほうも、どこかに期待があったのだと思います。年齢が違いすぎるので浮気してるという感覚もありません。なんだか自然にそうなってしまったのです。

宴会場よりも狭い部屋に入ると、三人の顔がますますエッチになってきました。

「奥さん、浴衣の前がはだけちゃってるじゃない」

「おっぱいまる見えだよ。ほら、直してあげようか」

そう言いながら手が伸びてきました。そして浴衣を直すどころか、逆に、まる出しになった乳房をまさぐってきました。その瞬間、なぜか体に電気が走りました。何年ぶりかで夫以外の男性にさわられたのです。反応しないはずがありません。

もう奥さんとの性生活は無いなんてふだんから言ってる三人だけど、指先が乳首転がす動きはすごく上手で、微妙な力でつままれて、すぐに固くとがってきました。こういうのって、やっぱり素質なのでしょうか。

「お、反応してるぞ。顔に似合わず敏感だな」

「若い女性の体は張りが違うな」

「もんでると手のひらに吸いついてくるよ」

すごく素直な感想なんだろうけど、エロくて興奮してしまいます。きっと私の夫は、私の体をさわってもこんなふうには思ってくれないはずです。そう思うと、三人にさわられてることがとても心地よく思えてきました。

気がつくと、すっかり浴衣の帯がほどけてしまい、パンティ一枚の体がまる見えになっていました。だめ、隠さなきゃと思ったけど、その思いはアッという間に頭の中でかき消されてしまいました。

「いやあ、想像以上にいい体してるね、奥さん」

そんなふうにあからさまに言われて、いつもは隠れているもうひとりの私が顔を出したのがわかりました。

「もしかして、もう濡れてるんじゃないの?」

誰かの指が下着の上からアソコをなぞってきます。あ、藤原さんが最初にアソコに手を出した。私、ボンヤリそんなことを思いました。確かにいちばん手の早そうな人なのです。ちょうどクリトリスのところを刺激されると体がピクンと震えて反応してしまいました。

「感度もよさそうだ。きっと旦那に開発されてるんだな」

ああ、こんなときに夫のことなんか言わないで。そう思いながらも布地越しにクリトリスを刺激されて思わず腰が動いてしまいます。

高杉さんはさっきからずっと豊満な乳房をわしづかみにしたり乳首を転がしたりしています。どうやらこの人はオッパイ星人みたいです。弱点の一つである乳首をいじられ、パンティの上からクリトリスを刺激されて、もう頭がボンヤリしていました。

すると峰さんの手が伸びてきて、パンティをずりおろしてきました。

「我慢できないよ、観音様を拝《おが》ませてもらおうじゃないか」

いちばん年上の峰さんは言うことも貫禄《かんろく》があります。そんな言い方をされて、なぜか私もすごく猥褻《わいせつ》な気分にますます拍車がかかってしまいました。

パンティを脱がされて全裸になると、三人の目はいよいよギラギラしてきました。気がつくと、浴衣がはだけて三人のパンツがまる見えです。そのパンツは三人ともすっかり盛り上がっていてテントを張っています。え？　この人たちって、いくつなの？　思わず目をみはってしまうほどの元気のよさです。いま、三人の男が私の裸を見て男性器を勃起させている、そう思うと、アソコがますます濡れてくるのがわかりました。

「お願いだ、奥さん、アソコを見せてくれないかな？」

「ほんとに？　見たいんですか？」

私は、素直に畳の上で太腿を広げました。

三人の男性にアソコをのぞき込まれてすごくヘンな気分です。そんなふうに自分のいちばん恥ずかしいところを人に見られるなんて、子どものころのお医者さんごっこ以来です。しかも三人ともすごくエッチな目をしています。ダメ、もう自分を抑えられない。そのとき、そう思ったのです。

「やっぱり若い女性は違うなあ」

「裸婦像も好きだけど、本物のほうがずっといい」

「絵に描きたくなるね」

「いや、絵を描くより先にしたいことがあるよ」

そんなことを言い合いながら食い入るように見ています。するとやがて、

「奥さん、やっぱり濡れてないか?」

「そ、そんな、濡れてなんかないです」

「そうかな、私たちにじっくり観察されて興奮してるんじゃないか?」

「ああ、ずいぶんヌルヌルして光ってるね」

一応は否定したけど、でも本当はそのとおりでした。考えてみれば、結婚してウン十年の夫は、もうそんなふうに私の体に興味を持ってくれません。だからいくらお年寄りとはいえ、あからさまにいやらしい目でアソコを注視されると、勝手に体の奥からトロトロしてくるのが自分でもわかりました。

「なんか、ヘンなんです。もっと見てほしいような気がして……」

「おお、いいよ、見てあげるよ、広げてごらん」

「こ、こうですか?」

指先でアソコを広げました。ヌルヌルなので開きにくいけど、でも思い切り開くと、三人は「おお」と声をあげて顔を近づけます。

「ああ、たまらんな。辛抱できないよ」

気がつくと三人ともパンツの前をまさぐっています。いまにもその場でオナニーを始めそうな勢いです。この人たち、いまでも自分でしたりするんだろうか? なんてちょっとその姿が思い浮かびました。ああ、なんかいやらしい。いま、この三人が私を見ながらここでオナニー始めたら、私おかしくなりそう。そんなことを思ったら、自然と体が動いてしまい、ますますアソコを広げて見せたり、腰を浮かせてみたり、四つん這いになって後ろからも見せてあげたりしている自分がいました。

三人の息づかいがだんだん荒くなってきて、それを聞きながら、私のほうも舞い上がってしまい、自分が完全に発情していくのがわかりました。

「花もいいけど、こっちのほうがいい」

「奥さんの花びら見てたら、もう理性をなくしてしまったよ」

気がつくと三人はパンツをおろして、それをしごいていました。まさか、思っていたことが現実になるとは。しかも、三人のそれは、先端から液体が洩れていて光っています。

「私のこと見て、そうなったんですね。だったら責任とりますね」

酔っていたとはいえ、そんな大胆なことを口走る自分が信じられませんでした。でも気がつくと私は、畳に四つん這いになって、三人の男性自身を順番におしゃぶりしていました。そうしなければいけない気がして、自然とくわえてしまったのです。少しもいやではありませんでした。

高齢だからといって私は甘く見ていたようです。それはどれも硬くて重量感があって、しかも使い込まれて黒光りしていて、まさにオスの生殖器という感じです。口に入れた感じでは、三人とも夫より大きいように思えました。

「いいなあ、若い人妻が尺八してる顔は」

「ああ、奥さん、タマのほうもさわってくれないか」

「舌の動かし方が絶品だ」

みんな勝手なことを言ってます。でもそれを聞いて、私のほうはどんどん舌の動きが速くなりました。自分の舌が軟体動物のようでした。

「あの、まさかこんなことになるとは思わなかったけど、私も我慢できなくなってきました」

言ってしまうと、ますます昂ってきました。

「おい、この奥さん、やりたがってるぞ！」

「いいのかい？　私は手と口で満足させてもらえれば、それだけで十分なのに」

「でも、ここまできたら、もうやるしかないよね」

三人はジャンケンを始めました。まるで子どものように真面目な顔です。でも真剣な様子を見ていると、なんだかすごいことが始まるんだとゾクゾクしてきました。どれでもいいから、早くあの硬いのが欲しい。夫以外の男性のモノで貫かれてみたい、そう思っていました。

最初は藤原さんでした。正常位で交わってきた藤原さんは、最初ちょっととまどいましたが、あとの二人に、違う穴に入れるななんて言われてるうちに、やがて一気に奥まで挿入すると、ゆっくりゆっくり動きはじめました。

挿入している部分を、高杉さんと峰さんがのぞき込みます。なんかすごく変態ぽい。そんなふうに人に見られながらセックスするなんて生まれて初めてです。そのいやらしい視線は思った以上に刺激的でした。

年齢のせいか、スピード感があってキレのいいピストンというわけではありません。でも、アソコの中をじっくりなぶられてるようでとても新鮮です。

「ああ、ダメだ……久しぶりだから早く果てそうだ」

やがてせつなそうな声をあげました。その声を聞いて、私も一気に駆け上がってしまいました。でも、どこに？　そう思った瞬間、藤原さんはそれを思い切り抜いて、私のおなかに飛ばしました。すごい勢いというわけではないけど、それがかえって卑猥でした。

「さあ、交代交代」

次は高杉さんです。まだアソコには藤原さんの感触が残っているのに、そこに高杉さんのがゆっくり入ってきます。

「ああ、狭いな。こんなに窮屈なのは初めてだ」

本当に気持ちよさそうな声を洩らして、高杉さんはしばらく動かずに、私のアソコの感触を味わっています。

「ねえ、お願い、動いてもらえませんか」

はしたないと思いながらもそうお願いすると、ようやく動きはじめました。

「ああ、締まる、そんなに締め上げたら、すぐイってしまうよ……」

私は意地悪してアソコを締めつけました。そうすると、私のほうも気持ちいいのです。狭いアソコに高杉さんの大きなモノが出たり入ったりします。それはいかにもセックスしてる、二つの性器が合体してるという感じで、ひどく猥褻なのです。私、すっかり頭がボンヤリしてしまいました。

高杉さんは、最後、私の陰毛にぶちまけかした。黒い毛に白いものが飛び散ってるのを、いまもはっきり覚えています。

そして最後は峰さんです。峰さんはいちばんやせっぽちなのに、なぜか男性自身はいちばん大きくて重量感があるように見えました。ジャンケンをしている三人を見ながら、峰さんが最後だといいなと、ひそかに思っていたのです。

そして期待どおりでした。すでに二人の男性のモノで突かれているアソコに侵入してきたとき、すべてがリセットされる感じがしました。下から思い切り抱き締めながら、峰さんのピストンに身をまかせました。

終わったあと、三人分の精液を体で受け止めて、私はいままで体験したことのなかった満ち足りた気分にひたっていました。

ああ、春だなあと思いました。

私の中で、新しい季節が始まったような思いです。もしかしたら、こんな経験をするために私は絵を描きつづけてきたのかもしれません。

いまも絵画教室には通っています。三人とも、何事もなかったかのようにふつうに接してくれます。さすが、年の功です。そして春が巡ってくるたびに、またあんな旅をしたいなんて考えている私です。

じつはこの前「最近お前の絵、なんか感じが変わったな」と言われました。私もそんな気がしています。でも、なぜ変わったのか、夫には秘密です。

山村移住体験に訪れたバツイチ甘熟女
巨尻を打ちつける騎乗位SEXで昇天！

来栖俊二　公務員・三十一歳

村役場で地域活性化の仕事をしている俊二《しゅんじ》といいます。恥ずかしながら、いまだに独身を通しています。

私の住む村では過疎化が進んでおりまして、村をあげて移住体験のイベントを推進してから五年目を迎えました。

すでに十組以上の家族が移住を決め、結果としては上々でしょうか。

これは去年の三月末、ある家族の移住体験のアシストをしたときの話になります。体験者は祖母と母親、六歳の女の子の三人で、のちに離婚して三世代の親子三人で暮らしていると知りました。

小学校や、先に移住していた人たちのお宅訪問、無償譲渡可能な古民家などの見学、家庭菜園の実地体験をしたあとは、私の住むログハウスで田舎暮らしのコツや今後の夢などを語り合いました。

母親の友香梨《ゆかり》さんは三十七歳、フルリモートのウェブデザイナーをしているそうで、愛くるしい顔立ちがストライクゾーンど真ん中。はっきり言って、ひと目惚れで、ほかの体験者よりも熱心に移住をすすめたと思います。

彼女たちはキャンプ場のコテージに二泊し、最終日は私の家の庭でバーベキューをしてもてなしました。

「ホントにいいところですね」

「ええ、いまの季節なら桜も楽しめますけど、山に行けば、セリやナズナ、タラの芽にゼンマイやウドなど、春の山菜が採れますよ」

「まあ……私、山菜が大好きなんです」

「天ぷらにしたら、最高ですよ……あの、これ」

祖母や娘に気づかれないよう、私はこっそりと連絡先を記したメモを友香梨さんに渡しました。

役場にばれたらまずいのですが、かなり積極的にアプローチし、彼女もまんざらではなかったと思います。バーベキューのあと、友香梨さんだけが残ってくれ、後片づけを手伝ってくれましたから。

生活情報や物件情報を熱心に聞いてきたので、移住に大きく傾いたのかとうれしくなり、懸命に説得しました。そしてついに気持ちを抑えられなくなり、愛の告白をしてしまったんです。

「あ、あの……ひと目見たときから……好きでした」

「……は?」

「す、すみません! いきなりすぎるのはわかってますけど、この機会を逃したら、二度と会えなくなると思いまして」

いま思えば、バーベキューの最中に飲んだワインが影響していたのかもしれません。

彼女はさすがにびっくりし、ぽかんとしていました。

「おばさんを……からかわないで」

「そんな、おばさんだなんて……からかってなんかいません」

心の内を探るようなまなざしを向けられた瞬間、ぱっちりした目、小さな鼻、ふっくらした唇に胸がキュンと疼き、熱い感情が迸《ほとばし》りました。

あろうことか、私は友香梨さんの唇を強引に奪ったんです。

「あ、ンうっ」

身が強ばり、胸を押し返されたのですが、次第に力が抜け落ち、彼女は目をゆっくり閉じました。

バストがとても大きくて、胸に合わさったときの柔らかい感触はいまだにはっきり覚えています。唇をほどくと、友香梨さんは口元に手を添え、とまどっているように見えました。

知り合って二日目で告白され、キスまでされたのですから当然のことです。

「私のこと、嫌いですか？」

「そんなこと……ないわ。でも……」

「でも、なんです？」

「あなた、いくつ？」

「三十一です」

「私は三十七よ。六つも違うし、離婚して子どもだっているし……」

「そんなこと、関係ありません！　いまどき六歳の年の差なんて、あってないようなもんです。私の気持ちは変わりませんよ」

彼女はベビーフェイスで肌はすべすべだし、初めは同年代ではないかと思ったくらいですが、実年齢を知っても障害にはなりませんでした。

それほどハイになっていたのか、イケイケの心境だったんです。

手を握りしめると、彼女は拒絶することなく、そっと抱き寄せれば、私の腕の中にもたれかかりました。

「前の夫……浮気で別れたの」

「私はしません！」

「離婚して、まだ一年ちょっとだもの。娘はまだ小さいし、すぐに答えは出せないわ」

「いつまでも待ちます！」

彼女の手が腰に回るや、気持ちを受け入れてくれたのだと、頭の中がバラ色に輝きました。同時に股間に大量の血液が集中し、ペニスがみるみる勃起してしまったんです。

「やだ……当たってるわ」

「あ、すみません」

「ふふっ、いつもこの手で女の人を口説いてるの？」

「そ、そんな、友香梨さんが初めてです……あ、うっ」

柔らかい手が股間をなで上げ、心地いい電流が背筋を這い登りました。

美しい熟女は欲求がよほどたまっていたのか、それとも自分が考えていた以上にさばけた性格だったのか。

どちらにしても、さらに好感度が増し、恋の炎が燃え上がりました。

「ああ、友香梨さんが欲しいです！」

「私たち、会って二日目よ」

「で、でも……くふっ」

ペニスの形に沿って指先が這い回り、あんな刺激を与えられたら、気持ちが鎮まるはずもありません。

「キッチンなんて……いやよ」

「お、奥に寝室があります」

私は彼女の手を握り、寝室に向かってズンズンと歩いていきました。あのときは性欲だけに衝《つ》き動かされ、まともな理性は少しも働きませんでした。

寝室に入ると、友香梨さんは豹変し、私を壁に押しつけて首筋にキスの雨を浴びせました。

あとで聞いた話によると、離婚前から夫婦の営《いとな》みはなく、異性との接点は二年ぶりだったそうです。

あっという間にベルトがゆるめられ、しなやかな手がウエストからすべり込み、ギンギンの勃起を握られました。

「熱くて……コチコチだわ」

「あ、ううっ!」

情熱的なアプローチに脳みそが爆発しそうになり、油断をすれば、すぐに射精してしまいそうでした。

耳たぶを甘噛みされながらペニスをしごかれ、豊満なバストをセーターの上からもみしだくと、熟女は目を潤ませて喘ぎました。

「あ、ああン!」

艶《つや》っぽい声の、なんと悩ましかったことか。

すかさず手首をつかまれ、今度は私のほうがベッドに連れていかれました。そして強引に押し倒され、電光石火の早業《はやわざ》でズボンとパンツをおろされてしまったんです。

「すごい！　こんなになって……」

「ああ、恥ずかしいです」

ペニスはパンパンに張り詰め、これ以上ないというほど昂っていました。

春先で汗をさほどかいていなかったとはいえ、シャワーを浴びていないのですから、恥ずかしいのは当然のことです。

友香梨さんはペニスに頬ずりしたあと、イチゴ色の舌を差し出し、裏茎をチロチロと舐め上げました。

「くふっ！」

たったそれだけの行為で歓喜に震え、頭の中が性欲一色に染まりました。

唇の隙間から唾液をツッと垂らし、男根をおおい尽くしていったときの光景はいまでも忘れません。生ぬるい感触といやらしいふるまいに、心臓がバクバクと大きな音を立てました。

熟女はペニスをたっぷり湿らせると、舌先で雁首をなぞり、はたまた尿道口をつつきました。

「溢れてきたわ」

我慢汁を舐めとってくれたあと、ふっくらした唇をかすかに開き、亀頭がゆっくり呑み込まれていきました。

「あ、あ、あ……」

驚いたことに、友香梨さんはペニスを根元まで招き入れ、喉の奥で先端をキュッキュッと締めつけてきたんです。

さすがは元人妻だけに、フェラチオも経験豊富なのでしょう。

期待感をふくらませるなか、顔の打ち振りが始まり、とてつもない快感が身を貫きました。

じゅぽっ、じゅぽっ、じゅぱっ、じゅぷっ、じゅるるるるっ！

いやらしい音が延々と響き渡り、視覚ばかりか聴覚まで刺激され、私は顔をゆがめて身悶えました。

「あ、うっ、くっ、ぬっ、はあぁ」

顔のスライドは速度を増していき、柔らかい唇が胴体を激しくしごきました。

しかも彼女は舌をくねらせ、ぬい目や雁首をチロチロとなぞるんです。

ベッドカバーを引き絞ってこらえたのですが、いよいよ我慢できなくなり、声を裏返して訴えました。

「あ、あ、だめっ、出ちゃいます！」

美熟女はペニスを口から抜き取り、悩ましい笑みを浮かべて答えました。

「……だめよ」

彼女が身を起こしてセーターを脱ぎはじめると、私もあとに続き、あわただしく全裸になりました。

たゆんと揺れた乳房はどっしりと重たそうで、くっきりした胸の谷間が目をスパークさせました。

ゆうに、九十センチはあったのではないでしょうか。

ブラジャーがはずされても、さほどの型くずれはなく、丸々とした乳房に生唾を飲み込みました。

スカートのファスナーがおろされるや、牡の本能が待ったなしに騒ぎ、ペニスの芯がジンジン疼きました。

「はあはあ、ゆ、友香梨さんのも見せてください」

「……だめ」

「ど、どうしてですか？」

「シャワー、浴びてないでしょ」

「私だって、同じじゃないですか」

「男と女は違うのよ」

スカートに続いてショーツが引きおろされるや、野獣と化した私は熟女にのしかかりました。

「あっ、やっ」

「見せてください！」

最初のうちは抵抗していましたが、あきらめたのか、労せずして足を割り開き、ギラギラした視線を女の中心部に向けました。

あのときの感動は、言葉では言い表せません。

フェラチオの最中も感じていたのか、厚みを増した陰唇はすでに大きくめくれ、じゅくじゅくした内粘膜の狭間からとろとろの愛液がにじみ出ていました。

「はっ、はっ」

「息が……くすぐったいわ」

「舐めていいですか?」

いまにして思えば、デリカシーのない言葉を放ったもので、言われたほうは困りますよね。

友香梨さんは小さくうなずいただけで、私は局部にかぶりつき、無我夢中で舌を上下させました。

「う、ンふうっ」

鼻から甘ったるい吐息をこぼし、豊かな腰がくねりだしました。

クリトリスもすごく発達しており、私は根元からもっこり突き出たとがりを集中的に責め立てたんです。

「あっ、ンっ、ふっ、やぁ」

色っぽい声が徐々に高くなり、愛液も絶え間なく溢れ、口の周囲がまたたく間にベトベトになりました。

　こうなったらエクスタシーに導いてやろうと躍起になった矢先、結末はあっけなく訪れました。

「あ、イクっ、イクっ……イックぅぅン」

　彼女は恥骨を震わせ、ぬめり返った女肉が鼻と口をこすりました。

　甘ずっぱいにおいにときめき、もはや我慢できずにペニスを握り込むと、友香梨さんは怒ったような顔つきで身を起こしました。

「……あ」

　ベッドに押し倒され、女豹のようにのしかかる彼女を、私は呆然と見つめていたと思います。

　それでも亀頭の先端が割れ目に押し当てられると、ぬるっとした感触が気持ちよく、睾丸の中の精液が荒れ狂いました。

「あ、ぐうっ」

「……挿れちゃうから」

　ヒップが沈み込み、雁首が膣の入り口をくぐり抜けるや、勢い余ってズブズブと埋め込まれました。

「あ、おおっ！」

ペニスを包み込む膣肉の感触は、天国に舞い昇るような感触を与えました。

実は私、三十歳以上の女性や元人妻の子持ち相手とセックスするのは初めてのことだったんです。

こなれた媚肉が強くも弱くもなくペニスを締めつけ、まるで真綿《まわた》にくるまれているような感触で、あまりの気持ちよさに感動するほどでした。

しかも膣道は絶えずうねりくねり、ゆったりもみ込んでくるのですからたまりません。

肛門括約筋を引きしめたところで、友香梨さんは腰のスライドを開始し、快感は一足飛びで頂点に導かれました。

「ぐ、くうっ」

「ああン、いい、いい、気持ちいいわぁ」

杭《くい》打ち騎乗位というのでしょうか。大股を開いて膝を立て、ヒップを目にも留まらぬ速さで打ちおろしてきたんです。

「あ、おおおっ」

ヒップが太腿をバチンバチーンと打ち鳴らし、腰骨が折れるのではないかと思うほどの破壊力でした。

目を白黒させて踏んばる最中、今度はヒップがぐりんぐりんと回転し、ペニスが柔らかい膣肉にこれでもかと引き転がされました。

「ぐおおぉぉぉっ」

こんな積極的なセックスをする人だとは夢にも思わず、いくら歯を食いしばっても役には立ちませんでした。

「あっ、イキます、イッちゃいますっ！」

「もうちょっと我慢して！　私も、イキそうなの!!」

「く、はぁぁあっ！」

今度は恥骨を激しく前後させ、頭の中で白い光が八方に飛び散りました。

自制心が粉々に砕け散り、自分の意思とは無関係に大量の精液が尿管をひた走ったんです。

「イグっ、イッグぅぅっ！」

「あぁン、イクっ、イクイクっ、イッちゃうぅン！」

大きなヒップがわなないた瞬間、精液が体外に排出され、快感の高波が次々と押し寄せました。

まさに、身も心もとろけるという感覚だったでしょうか。

もはや彼女から離れられない、何がなんでも交際したいと考えたのですが、やはり年齢差とバツイチ子持ちを気にしたのでしょう。

結局、友香梨さん一家が移住することはなく、一回こっきりの関係で終わってしまいました。

書類を確認して何度か電話をかけたのですが、まったく出てもらえず、せめてもう一度だけでも会いたいと切に願っているんです。

夜の公園で他人の痴態を覗く変態熟主婦 見ず知らずの男性に女芯を弄ばれて……

百瀬恵子　パート主婦・三十八歳

私は三年前に、念願のマイホームを手に入れました。戸建てとなると、どうしても都心から離れなくてはなりませんでしたが、思っていた以上に快適な暮らしで満足しています。

夫は通勤時間が大幅に延びて帰りが遅くなりましたが、私にすればその分自由時間が増えたのです。

以前のように街歩きなどはできなくなりましたが、小学生の子どもたちと自然を満喫しながら遊んだり、時には一人でウォーキングなどをしたりして新しい楽しみを見つけているのです。

春には川沿いの桜、夏にはまぶしいほどの新緑、秋には紅葉と金色に光る稲穂、どの景色もすばらしいのですが、なかでも春の桜は圧巻です。

有名な公園に負けぬほどすばらしい眺めなのに、こんな田舎に来る人は少なくて、知る人ぞ知る穴場スポットです。

ウォーキングも冬はお休みしますが、春になるとこの桜を眺めながら歩くのが何よりの楽しみです。

幅二十メートルほどの川を挟んだ桜並木のたもとが遊歩道になっているので、いつもそこを歩きます。ところどころにベンチがあり、疲れたら花見をしながら休むこともできるこの場所は、私のいちばんのお気に入りです。

そしてこれは誰にも内緒ですが、美しい風景といっしょに眺めることのできる楽しみを見つけたのです。

去年、春の夜風を吸いながらウォーキングに励んでいたとき、遊歩道や土手の芝生に、カップルが点在していることに気づきました。

特別なライトアップはありませんが、外灯に照らされて幻想的に映る夜桜を眺めているのだなと何気なく観察していました。

自分がすっかりセックスレスになっていたので、ロマンチックな景色にひたる恋人たちをうらやましい気持ちで見ていたのです。

そのとき偶然、一組のカップルが抱き合う光景を見てしまいました。

対岸の芝生の上に座っていた二人は、顔を寄せてキスをしているのがわかりました。やがて、男の手が女の体をまさぐりながら芝生に押し倒していきました。

それを見ていたら、なぜだかドキドキしてきて、思わず木陰に身を隠していました。こちらが悪いわけでもないのに、のぞき見をしたような罪悪感を抱いてしまったのです。

それでも続きが見たくてその場を離れることができませんでした。

その日も夫の帰りは遅い予定で、子どもたちはお風呂に入って寝てしまう時間でした。もう少し見学しちゃおう、なんて思いながら身をひそめていました。

カップルの男は、周囲をきょろきょろ見回しながらスカートの中に手を伸ばして行き、女の生白い肌が露になりました。

私は固唾を呑んでその成り行きを見守りながら、自分の体まで熱くほてりだしたのを感じていました。

人様のあられもないシーンを見たのは初めてのことで刺激的だったし、夜桜を揺らす生温い風に欲求不満の体をなでられている気分だったのです。

無意識のうちに自分の体をさわっていて、股の間が湿りはじめてしまいました。いったいあの二人はどこまでエスカレートするのかしら？　もしかして最後まで？　などと胸をワクワクさせながら見つめていたのです。

川べりの雑草が邪魔で肝心な部分が見えにくく、じれったさを覚えながら目をこらしていたとき、夫からの帰るコールで現実に引き戻されました。

その日から、またあんな光景を見てみたいと思うようになり、雨の日以外は毎晩のようにウォーキングに出かけました。

次こそしっかり見物できるようにと双眼鏡を持って歩いていると、幾度となくカップルの濃厚な抱擁シーンに出くわしたのです。

のどかで牧歌的な田園風景の中で暮らしていると、そのなまなましい光景がより刺激的に感じられるのかもしれません。

昼間はさわやかな色気を漂わせている桜が、夜になると妖艶なたたずまいに変貌して人々の欲望を煽っているかのように見えました。

そういう場面を見つめていると、体はやはり熱くほてり、アソコはヌルヌルになってしまいます。ベンチや木陰で休むふりをしながら、私は自分の指でこっそり股間をまさぐることを覚えたのです。

今年も桜が咲きはじめたころから、ソワソワしていました。

「ママ、今日学校で桜並木の写生に行ってきたよ！　満開ですごくきれいだった」

帰ってきた子どもからの報告を受けて、夜を待ちわびていました。

五分咲きのころに一度そこを通りましたが、まだ花見に来ている人の姿は見つけられなかったのです。

その夜、いつものジャージ姿になって、双眼鏡を片手に出かけました。

昼との寒暖差があり、夜はだいぶ涼しくなっていましたが、桜並木の川べりを目指して夢中で歩くうちに体が温まり、うっすら汗をかきました。

川から一段高いところにある車道には、近隣のナンバーをつけた車がぽつぽつと停車しており、花見客が来ていることがわかりました。

以前、車の中で激しくもみ合うカップルも見たことがあります。

さっそく遊歩道に下りていき、お気に入りのベンチで休みました。

ぼんやりと桜を眺めつつ、周辺に目をこらすと、やはり数組のカップルが花見を楽しんでいました。

やがて、対岸の一組が、人けのない一本の桜の陰に移動するのを見つけました。二十代くらいの若いカップルです。

男が桜の幹にもたれて立ち、向き合う格好で立った女の腰に手を回しました。怪しげな動きだったので、きっと何かが始まると期待しました。

水草で死角に入ってしまったため、周囲に人がいないのを確認して、二人の動きがよく見えるベンチに移動しました。

男が女の肩に上着をかけてやると、女はうれしそうに男の胸に飛び込み、さっそくブチュッとキスをしはじめたのです。

ほらきた、これこれ！　これが見たかったのよ、そんなことを心の中でつぶやきながら夢中で双眼鏡をのぞいていました。

男がなかなかのイケメンで、いっそう好奇心をかき立てられたのです。

いいな、私もあんなふうに抱きしめられてみたい、そんな想像をしているうちにウォーキングで血流のよくなっていた体がさらにポカポカほてりだしました。

長いキスをしながら、男の手が女の尻をなではじめていました。

カップルの動きは、徐々に大胆になっていき、とうとう女がしゃがみ込み、男の股間に顔を埋めたのです。

あきらかにアレを出して口にくわえている様子でした。

見ているだけなのに、私の口の中にも唾液が湧いてきてしまい、ゴクッと飲み込みながら片方の手で胸をもんでみました。

ほてった体はどこもかしこも敏感になっていて、乳首は服の上からこすっただけでもムクッとすぼまりました。

夫とは半年前に久しぶりのセックスがありましたが、その一回きりで再びレスになっています。体は刺激に飢えていました。

じっと見つめていると、女が顔を離した一瞬、ズボンから飛び出ている男のものを拝むことができました。

握り締めている女の手から、はみ出すほどの巨根です。

それを見たら、アソコがキューンと痺れるみたいに疼いてしまい、思わずジャージの中に手を突っ込んでいました。

指先にヌルついたパンティが当たり、その部分をこね回して摩擦しました。

双眼鏡の中の女は、男を見上げてイヤイヤと首を振る仕草をしてから立ち上がりました。

すると今度は女が木に背中を預けて立ち、その前に立ちはだかった男は周囲をうかがってから女のセーターをまくり上げたのです。

飛び出した乳房をもみながら、唇を寄せて吸いはじめました。女は眉間にしわを寄せ、気持ちよさそうな表情を浮かべています。

一瞬そこが屋外であることを忘れてしまうほどの、激しくなまなましい交わりです。そこまでするのをのぞき見たのは初めてだったので、興奮は増すばかりでした。

食い入るように見つめながら、疼きの激しくなったクリトリスをなで回しているとき、突然耳もとで男の声がしました。

「ここの夜桜は、本当にきれいですよね」

びっくりして双眼鏡をはずすと、いつの間にかベンチの横に四十代くらいの男性が立っていました。

私は開いていた足を、あわてて閉じました。

もしかして、のぞきのシーンを見られていた？　やばい、一人エッチまで見られた!?　そう思うと心臓がドクドクしはじめ、顔がパッと赤くなっていくのがわかりました。

「横に座ってもいいでしょうか？」

聞かれてコクンとうなずきました。

男性はサラリーマン風で身なりはちゃんとしていたし、とても紳士的な雰囲気だったのであまり警戒心は起こりませんでした。

「僕もここの桜が好きでね、会社帰りによく通るんですよ」

「まあそうですか」などと適当に相槌《あいづち》を打ちながら、久しぶりにしゃべる夫以外の男性との時間に、また新しい興奮を覚えていました。

「家はだいぶ先なんですが、ここを通りたくて、ついバスを降りちゃうんです」

男性の視線は、ぐるっと桜に注がれたあと、突き刺すように私のほうに向き直っていました。

「よくウォーキングしていますよね？　何度かお見かけしたことがあります」

もしかしたら、これまでののぞき行為も見られていたのかもしれないと感じて、双眼鏡をそっと手のひらに隠しました。

少し前まで、濡れたクリトリスをいじっていた指先に、男性の指が重なってきました。

「あそこの、正面に居るカップルを見ていたんですね？　いまにも挿入しそうだ」

その言葉につられて再び対岸のカップルに目を向けると、木の幹に寄りかかって立つ女は、スカートをまくり上げられた格好で片足を持ち上げていました。

「いえ、あの、ぐ、偶然見てしまったんです。まぁ、すごい格好しているわね」

まるで初めて見たかのように言いわけがましく答えると、男性がぴったりと体を寄せてきました。

「あんなものを見せられたら興奮しちゃいますよね。でも、こんなにきれいな人が自分で慰めるなんてもったいないな。僕でよかったら、お手伝いしますよ？」

彼は、私の手を握り締めながら耳もとで囁いてきました。

耳たぶに熱い息がかけられると、心地よさに体がブルッと震えました。

「ほら、見て。とうとうあのカップル、挿入したみたいですよ。激しいなあ」

見上げた先では、女に密着させた腰を振っている男の姿がありました。

そんな話をしている間も、別の一組のカップルが肩を寄せ合いながら目の前を通り過ぎていきました。

「出会ったばかりの僕たちも、仲のいいカップルに見られているでしょうね」

そう言って肩を抱き寄せられると、下腹部がヒクつき、アソコからエッチな液体が溢れ出てきてしまったのです。

彼の手がゆっくりと胸元に伸びてきました。

ピチピチのジャージの上からでも目立つバストはFカップです。

「あ、ダメ……私、人妻なんです。いやん、いけませんてば」

言葉でとりつくろおうとしましたが、体からはフニャッと力が抜けていき、彼の手でもまれた乳房をむしろ自分から押しつけていました。

「ご主人がいるのにのぞき見するなんて。家でしてもらってないんですか？」

彼はそんなことを聞きながら、ジャージのファスナーをおろしはじめたのです。

その指はゆっくりと、中に着ていたTシャツの裾から乳房に伸びてきました。いつもウォーキングをするときは、汗をかくのでノーブラなのです。

じかにふれられた乳首がビンビンに立ってしまいました。

「うわぁ、大きい胸ですね。あぁ、もんでいるだけで勃起してきました」

見ると、パリッとしたスーツの股間部分が三角に張り詰めていました。

乳房をもむ指先にもだんだんと力がこもってきて、彼の荒い息づかいが耳の奥まで迫ってきました。

「ハァ、ハァ、いい体だなあ。乳首もコリコリですよ。感じやすいんですね」

見ず知らずの男性だということが、罪の意識を薄くしていました。おまけに周囲はカップルばかりで、目の前には幻想的な夜桜が咲き乱れているのです。

夫の顔も子どもたちの顔も、頭の中からすっかり抜け落ち、欲情していた体には、あっという間に火が点《つ》いてしまいました。

「あ、ああっ！ 待って、こんなところで……でも、感じちゃう」

周囲に人の影はありませんでしたが、外であるというスリルもあって、普段以上に体じゅうが敏感になっていました。

散々のぞき見してきたカップルたちも、こんなふうに興奮していたのかな、など思いながら、自分自身もとうとうその快感を味わえたという悦びでいっぱいだったのです。

彼は、まくり上げたシャツからこぼれ出た乳房に顔を寄せてきました。ツンととがった乳首を舐め回されたのです。

「あっ、あっ、気持ちいい！　どうしましょう、いやん、ゾクゾクするわ」

押し殺した声で喘ぎながら、しゃぶりついてくる彼の頭を夢中で抱きかかえていました。

のけぞって見上げると、視界には桜の枝がいっぱいに広がっていて、ひらひらと舞い散る淡紅色の花びらが、汗ばんだ頬をかすめていきました。

家族と眺めた桜とはまるで違い、あやしげな花に見えました。

片田舎で真面目に暮らす主婦の私にだって、こんな一夜があってもいいんじゃないかしら、そんなふうに思えてきてしまったのです。

彼は乳房を激しく舐め回しながら、指先を太ももに這わせてきました。

「どこもかしこもムチムチですね。ああ、この奥も見てみたいな」

ジャージのズボンの中にジリジリと侵入してきた指先が、湿ったパンティの上からくぼんだ部分を刺激してきました。

「おおっ！　もうこんなにびしょ濡れだったんですね、こりゃすごい」

彼の指は、滑りを探り当てるようにパンティの隙間から入ってきて、ヒクヒク震えていたエッチな穴に突き刺さってきました。

「あうっ！　そこ、ダメェ。あっは〜ん！　気持ちいいわ、すごく」

もはや自制の利かなくなった体は、見知らぬ男性の指にかき回されるまま、もっと強い刺激を待ち望んでいました。

「僕の指をくわえこんで離さない。ここに入れたらさぞ気持ちがいいだろうな」

彼はそんなふうにつぶやきながら、私の手を自分の股間に運びました。

「あ、すごい！　カチカチ」

毎晩双眼鏡をのぞきながら、よだれを垂らすほど欲していたモノが手のひらに収まったのです。思わずファスナーをおろして、その熱いものにふれていました。

「これが欲しかったんですね。どうぞ、奥さんの好きなようにしてください」

彼は周囲を見回してから、ベルトをはずして硬いモノを引っぱり出しました。

目の前にニョキッと飛び出してきたそれは、のどかな日常とはかけ離れた毒々しい色気に満ちていました。

「いやん、舐めても……いいの？」

ベンチに並んで座ったまま、彼の股間に顔を突っ伏して、無我夢中でくわえていました。

ベッドの上でする行為とはくらべものにならないほど興奮しました。出会ったばかりの男性のモノは、おざなりなセックスをする夫のモノよりだいぶ硬いように感じました。

口いっぱいに頬張ったまま、カリ首に舌を巻きつけ、頭を上下に振りつづけていました。

そうしている間も、彼の手はジャージの中で激しく暴れ回っていて、クリトリスをこね回されていました。

「あぁ、そんなに激しくしゃぶられたら出ちゃう。僕らも入れてみませんか？」

彼はそう言うと、私の体を抱きかかえたのです。

「ほら、向こうのカップルは二回戦が始まりましたよ」

私を背後から抱っこするように膝の上に乗せながら、かたわらに落ちていた双眼鏡を手渡してきました。

「さあ、好きなだけのぞき見してください。同じことをしてあげるから」

言われるまま双眼鏡をのぞくと、先ほどまで立ったまま交わり合っていたカップルは、芝生に寝そべり、今度は女が男の股間に跨っていました。

スカートでおおわれて、結合部分は見えませんでしたが、あきらかに女が腰を振っているのがわかりました。

「ああ、女が腰を振っているのが見えるわ、すごくいやらしい顔して……」

双眼鏡をのぞいている間に、ジャージのズボンもパンティも、太ももまでずりおろされていました。

むき出しになったお尻を彼に向けたまま、背後から胸をもまれました。

気持ちよさに力が抜けていき、体重を預けるとびしょ濡れのアソコが彼の股間に密着しました。

彼のモノはそり返って、濡れた裂け目の上を滑るように刺激してきました。

「あ、あ、入っちゃいそうっ、無理、もう、我慢できないっ!」

対岸のカップルに挑発されるまま、腰を動かし、自分から彼のモノをアソコに呑み込んだのです。

背を向けている分、恥ずかしさも薄れて、ペニスを呑み込んでいる穴の快感だけに陶酔していました。

まさか自分が、通りすがりの男性とつながってしまうなんて、想像もできなかったことです。波のように襲ってくる心地よさに身を委《ゆだ》ね、欲望のままにお尻を振っていました。

「ああ、いやらしい大きな尻がよく見えますよ。おおっ、締まってきた！」

乳房がユサユサと弾むように揺れました。

「あっは〜ん！　アア、もう、イキそう、このまま、イカせて！」

熱に浮かされたように、ぼんやりとにじむ淡紅色の桜を見つめながら、昇り詰めてしまったのです。

「またここで、会えたらいいな……」

最後にぽつりとつぶやいた彼を残して、足早に家路につきました。

先に帰っていた夫に笑顔を向けながら、股間に含んだ見知らぬ男の精液が太ももに垂れ落ちるのを、不思議な気分で味わっていたのです。

第四章

新たな快楽を求め淫靡な世界へ旅立つ者

単身赴任した同僚のアラフォー媚熟妻
夫を裏切る禁断の寝取られ不倫生性交!

中田英信　会社員・二十九歳

一年前の春の転勤シーズン、同い年で仲のいい同僚が北海道の最北端・稚内《わっかない》に単身赴任しました。当時そいつは結婚一年にも満たない新婚だったんです。

奥さんは十歳年上の姉さん女房で現在三十九歳。すごい美人でスタイルも抜群なのでアラフォーには見えません。東京生まれ東京育ちで、田舎では暮らせないというので、夫婦で話し合い単身赴任を選択したようです。

引っ越し前の三月、そいつが荷造りを手伝ってくれというので、夫婦のマンションを訪ねました。結婚披露宴のときに会っているのですが、普段着の奥さんを見るのは初めてでした。彼女も作業をするために、伸縮性にすぐれ下半身にぴったりフィットするストレッチパンツをはいていました。

これがもうたまらなかったんです。動くたびにヒップの肉がムチッ、ムチッと弾んで、前から見てもマン土手のシルエットまで浮き彫りなんです。私はもう勃起しそうでした。いえ、正直に言うと、何度も勃起していました。

あらかた作業が終わると、そんな私に同僚が言いました。

「赴任先の仕事や生活に不安はないんだけど、女房が浮気しないか心配で仕方ないんだ。お前なら安心だから、ときどき様子を見にきてくれないか」

何が安心なのかわかりませんでしたが、もちろん私は引き受けました。

そして、同僚が北海道に行ってすぐ、私はさっそく手土産《てみやげ》を持ってマンションを訪ねたんです。奥さんは手料理をふるまってくれました。その日はセーターにフレアスカートという装《よそお》いでした。やっぱり魅力的でたまりません。

「ありがとうございます。ええと……中田《なかた》くんでいいかしら?」

「もちろんです、いえ、うれしいです……奥さん」

「フフッ、なんかてれちゃうわ、奥さんとか」

黒目がちの瞳に見つめられて、私のほうがてれてしまいました。

そのあとも私は、気のおけない同僚に頼まれたことだからと、自分に言い聞かせて、週一以上のペースで奥さんの様子を見にいきました。もちろん事前に連絡をして都合をうかがうんですが、いつも奥さんは喜んで迎えてくれました。

奥さんが腕をふるった料理をいただき、いっしょにお酒を飲みました。奥さんは必ず女らしい肢体が見て取れるセクシーな洋服を着ていました。

「いつも美味しいものをごちそうになっちゃって、なんか、すいません」

「ううん、そんなことないわ。私ね、こう見えて、料理が大好きなの。あの人がいるときは、毎日、いろいろ考えて作れたから楽しかったのよ」

「それであいつ、結婚したら寄り道せずにさっさと帰るようになったんだ」

「ハハっ、だから、中田くんには毎日来てほしいくらいなのよ」

半分社交辞令だと思いながら、私は胸が高鳴りました。気をそらそうと思っても、洋服に浮かぶ奥さんのボディラインが気になって仕方ありませんでした。でも、さすがに口説くわけにもいかないので、必死で自分をしずめていました。

ところが、ある日、いつものように酒を酌《く》み交わしているときでした。

「少し飲みすぎちゃったみたい、ちょっと横になるね」

そう言って奥さんがソファで寝てしまったんです。

その日はいつにもまして、女らしい体が浮き彫りになるニットのワンピースを身に着けていました。ぴったりと肌にはりついて、そのままソファに横たわると、まるで「イタズラしてくれ」と言わんばかりの姿でした。

マズいだろ……そう思いながら、私はフラフラとソファに近づきました。あおむけの奥さんをしばらく見つめていると、ますます興奮してしまいました。

しゃがんで顔を近づけました。ソフトウェーブのかかった黒髪、透き通るように白い首筋、胸元……ふれるかふれないかまで鼻を寄せて、においを嗅いでしまいました。シトラス系の甘い香りが、鼻腔の奥まで満たしてきました。それは男の欲情に火をつける狂おしい香りでした。私は夢中でにおいを嗅ぎました。

すると奥さんが「うぅ〜ん」とソファの背もたれのほうに寝返りを打ったんです。ニットのワンピースに浮かぶ垂涎《すいぜん》のヒップがこっちを向きました。

大きい桃のように丸々として、見るからにムチムチとしていました。エロティックな稜線《りょうせん》の下には、短めの裾からなまなましい脚が露になっていました。

私も酔っていましたし、もう我慢の限界でした。震える右手で恐るおそるヒップをさわってしまったんです。ワンピース越しだというのに手のひらに吸いつくようなさわり心地でした。わずかに指を立てるとマシュマロのような柔らかさでした。

　少し指先に力を入れてもむと、奥さんが背を向けたまま何か言いました。

「ここまでしないと、イタズラしてくれないなんて、イジワルね」

「えっ、なんですか？　あの、俺、つい……」

　私は驚いて、逆にギュッとお尻の肉をもんでしまいました。

「アン……そんなことして、どういうつもり？」

　そう言うわりには、奥さんはジッとしていました。

「すいません。奥さんのお尻が魅力的で、誘ってるみたいだったから」

「やだ、そんなこと言って……私のお尻は、そんなにエッチなの？」

「はい、すごく。男なら誰でもさわりたいと思います」

　すると奥さんが、ヒップを蠢かせてこう言ったんです。

「だから、あの人も……いっぱいさわるのね、お尻」

　それを聞いた私はさらに興奮して、理性の糸がプツンと切れていきました。

「あいつはいつでも、このお尻を……」

もうどうにでもなれという気分で、グイッとマシュマロのようなお尻の肉に指を食い込ませ、指を曲げたり伸ばしたりしてグイグイともみました。

「ちょ、ちょっと、中田くん……激しい」

二つに割れたお尻の肉を、互い違いにこね合わせるように、もみくちゃにしてしまいました。マシュマロのような柔らかさの奥には、むっちりとした弾力があって、ウネウネと蠢きながら指にまとわりついてきました。

「あいつにも、こんなふうにさわられるんですか?」

お尻の割れ目が開いたり閉じたりする様子が、指に伝わってきました。

「そ、そんなに強くは、されたことないけど……」

やがて奥さんの口から、「ハァ、ハァ」と狂おしい吐息が洩れてきました。

もしかして……奥さんも興奮してるんじゃないのか? そう思いながらもみつづけていると、奥さんがクルッと体をこっちに向けて、両腕を私の首に絡みつけてきたんです。グッと引き寄せられると、唇が重なっていました。

「んぐ、むぅ……グチュ、グチュッ、ジュルル」

奥さんの唇は、ゼリーでコーティングされたように甘く温かくしっとりと柔らかいものでした。ムニュッ、グチュッとこすりつくうちに、お互いの唇が開いて、奥さんの舌が私の口の中に忍びこんできました。そのまま私の歯と歯茎の間を舐め回し、舌に絡みついてきました。口元が唾液でヌルヌルになりました。

「あん、はうぅ、むぐ……グチュグチュ、ジュルルッ」

唾液まみれの舌が、お互いの口の中を行ったり来たりしました。

「グチャッ、チュプ……ああ、奥さん!」

思わず私は上から奥さんを抱き締め、女らしい曲線を描く肩、背中、ウエストとなで回してから、再び両手をヒップに回してもみつけました。お尻のもみ心地を味わいながら、奥さんの首筋に顔を埋めて耳に舌を這わせました。

「ヒッ! み、耳はダメ」

奥さんがググッと胸板を押し返してきました。私は両手で頭を抱えて、ウェーブのかかった髪からのぞくかわいい耳をぱっくりと口に含んでしまいました。

「あんっ、ダメだってば……耳、弱いの」

耳たぶを舐め回し、穴に舌先をねじ込んで、震わせました。私の耳元で、「はぅ」「あぁっ」とせつなげな息づかいが響き、奥さんの全身が身悶えました。

「そんなに感じて、エッチな耳ですね」

奥さんのつぶらな瞳がこぼれそうに潤んでいました。

今度は私から唇を重ねていきました。唇を貪り、舌を絡めながら、左腕でくびれたウエストを抱きすくめ、右手でワンピースの下腹部をなで回しました。

「むぐぅ、んん、はうっ」

奥さんが困ったように髪をゆらしました。私はすかさずワンピースの裾から右手を潜り込ませました。中にはムッとするような熱気が充満していました。

「んッ、ぐッ、ダメだって……ね、中田くん」

澄んだ声を聞きながら、私の右手はショーツの上から恥骨のふくらみをなでつけました。指先が届いたクロッチ部分は、体温以上に熱く、二重になった布地の上からでも、入り組むヴァギナの感触がはっきりとわかりました。わずかに押しつけただけで、粘り気の強い液がジュワジュワと染み出してきました。

「奥さん、下着の上までヌルヌルですよ」

「う、うそよ……そんなわけない」

四本の指先をクロッチに押しつけて、ショーツ越しのヴァギナをこね回していると、奥さんが腰を動かした拍子に、指先がコリッとしたものを弾きました。

「あっ……そ、そこは」

クリトリスが勃起していました。私は集中して愛撫しました。

「ダメ、ダメっ、こんなの、あぁぁっ！」

奥さんは背筋を反らし、ソフトウエーブのかかった髪を振り乱しました。

「も、もう、イッちゃいそうよ」

狂おしく訴えながらジッと見つめてきました。そのときでした。

「あうッ！」

いきなり私のズボンの股間が両手でおおわれたんです。

「中田くんだって、こんなに、大きくなってるじゃない」

そのまま奥さんの指は、カチカチに勃起した私のペニスをなで回しました。

「くうぅ……奥さん、そんなふうにさわられたら」

「ねえ、ちょっと、ここに立ってみて」

私がソファの前に立ち上がると、奥さんは床に女の子座りになって、ズボンの上から亀頭から袋までを何度もなでていました。それから意を決したようにファスナーを開き、ボクサーパンツごとズボンを引きおろしたんです。

二人の間に、ビンッ！　とペニスがそそり立ちました。

「あぁ、いやらしい、こんなにしちゃって」

奥さんはほてらせた顔を亀頭の上に近づけ、濡れた唇をポッと開きました。するとツーッ、ツーッと唾液が糸を引いて滴り落ちていったんです。

「あ、ああっ……そ、そんなに」

キラキラと輝く唾液が次から次へとペニスの上に降り注ぎました。奥さんはペニスの下に両手で受け皿を作って、左右にこぼれる唾液を受け止めていました。たっぷりと泡立つ唾液を滴らせてから、両手にたまった唾液もすべてペニスにまぶしつけ、亀頭から根元までをヌルッ、ヌルッとしごきはじめました。

「むうッ、ぐうぅっ、ぷはっ」

「こんなに硬くしちゃって、どうするつもり?」

ペニスをしごきながら、黒目がちの瞳がジッと私を見つめていました。

「いや、あの、どうするって言われても……」

「まさか私に……入れようなんて、思ってないわよね」

言いながら奥さんは両手で肉棒を包み、左右の指を組み合わせると、唇を近づけて唾液を垂らしながら、ゆっくりと大きい振幅でしごきはじめました。

グチャッ、グチャッ、グチャッ……肘を曲げ伸ばして激しく両手でしごきながら、右に左に頭を振って、つぶらな瞳で泡立つ肉棒を見つめていました。

「はぁ、はぁ……いやらしい」

体のすみずみまで襲ってくる強烈な快感で、下半身がガクガクと痙攣しました。

「くッ、くッ、こんなの初めてです、奥さん」

しごかれるリズムに合わせて、グイグイと腰を振りつけてしまいました。

「あぁっ、中田くんのチ○ポが、こっちに向かってくるぅ」

そう言って奥さんは半開きの唇から、ピンクの舌をニュルリとのぞかせました。

ヌメッと突き出したピンクの舌を、亀頭の周りに動き回らせたんです。

「中田くん……してほしい?」

端正な顔は欲情したように染まり、つぶらな瞳はエロさに満ちていました。

「ねえ、私の夫の同僚、中田くん……してほしいの?」

私はコクコクと首を縦に振りました。

「もお、友だちの女房にフェラチオさせるなんて、いけない人ね」

どこかうれしそうに発した奥さんが、ペニスを私の下っ腹に押さえつけるようにして、根元にチュッ、チュッとキスをしました。柔らかく生温かい舌が、亀頭の裏筋から睾丸の際まで、何度も上下に這いずり回りました。

あうぅ、あいつの奥さんが……何度もペニスの裏側を往復した舌は、ゆっくりと亀頭に這い上がり、ソフトクリームを舐め取るように絡みついてきました。

「あぁ、ああーッ！」

舌で螺旋《らせん》を描きながら、ぱっくりと亀頭を咥え込んでしまったんです。

そのまま唇はペニスの幹を這い進みました。肉棒を根元まで呑み込んだ奥さんは、私の太腿に両手を添えて、頭を前後に振りはじめました。

ジュボッ、ジュボッ、ジュボッ……。

濡れた唇がリズミカルに往復して、ペニスを搾るようにしごいていました。

「むぐぅっ、奥さん、そんなに……」

ピストンフェラを繰り返しながら、のど元を蠢かせて、口の中いっぱいに唾液をためていました。亀頭が口の中で濃厚な唾液に溺れていました。

「ハッ、ハァ、中田くん……」

何か言おうとして奥さんが口を離すと、口腔いっぱいにたまった唾液が口角からダラダラと溢れました。ゾクゾクするほど淫乱な表情でした。

「中田くんが動いて、私の口の中に、出し入れしてみて」

そう言って奥さんは再びとペニスを咥えると、上目づかいで促してきました。

「遠慮しないで、奥まで入れていいからね」

「は、はい、やってみます」

イラマチオってやつ？　ととまどいつつ、私は両手の指をソフトウェーブのかかった髪に分け入らせ、奥さんの頭を押さえつけて腰を振りました。

「うぐぅ、むぐッ……ジュブブッ、ジュル、んぐ」

続けざまに肉棒が突き入り、奥さんは苦しそうでしたが、遠慮するなと言われたので、大きく出し入れを繰り返しました。どんどん興奮しました。

いやがる奥さんを犯しているような、凌辱的な気分になって、のどに届くまで亀頭を突き入れていると、「ぶぶふぉっ」と奥さんがせき込むようにして、大量の唾液とともにペニスを吐き出して、荒い息のまま訴えてきました。

「ハッ、ハッ、私も、口で気持ちよくして」

そのまま立ち上がると、ワンピースの裾から両手を入れて、スルスルとショーツを脱ぎ去りました。それからソファの背もたれに手を着き、立ちバックの体勢でヒップを突き出し、ワンピースの裾をウエストまでまくり上げたんです。

「奥さん……うぅ、いやらしいです」

まる見えになった奥さんのヴァギナは、赤みがかった大陰唇が盛り上がり、小陰唇がぱっくりと口を開け、幾重もの粘膜がウネウネと蠢いていました。私は奥さんのご要望にこたえて、濡れそぼるヴァギナに貪りつきました。

「ああっ、そおっ、いっぱい舐めて」

クリトリスを舌で弾くと、奥さんの脚がブルブルと震えました。

「な、中田くん……ちょっと待って」

奥さんがそう言って、ソファにおいてあったケータイをとり上げたんです。

「毎日、この時間に、あの人に電話するって決まってるから」

「えっ！　でも、こんな状況じゃ……マズいでしょ」

「しないほうがおかしいわ。いいから中田くんは、言うとおりにして」

アタフタする私を尻目に、奥さんは立ちバックスタイルのまま、躊躇《ちゅうちょ》なく発信してしまいました。下半身はクンニを求めて蠢いていました。

「もしもし、あなた……うん……うん、そうよ、今日もセックスしたくて、オナニーしてたの。ね、すぐに舐めてほしいわ、舐めて」

私に命じているのはすぐにわかりました。ええい、ままよ！　と、私はヴァギナに唇を密着させて、ディープキスのように舌で小陰唇をなぞりました。

「ああーっ、後ろからそんなに……恥ずかしいぃ」

ヒップのふくらみを押し広げて、入り組んだヴァギナを舐め回しました。お尻の肉をもみくちゃにしながら、舌でクリトリスを転がし、膣の中まで突き入れました。溢れ出る愛液をジュルジュルと音を立てて飲み込みました。

「そ、そんなに、飲まないで……私のエッチな汁」

ビクビクッ！　と奥さんの全身が弾みました。ソフトウエーブのかかった髪を振り乱し、グッと脚を踏ん張り、ヒップを突き出して訴えてきました。

「あなた、私、もうクンニじゃ我慢できない」

とうとう同僚の奥さんが、セックスを求めてきたんです。電話口の同僚に求めるような口ぶりで、私にペニスを挿入されることを望んでいたんです。

「入れて……このまま後ろから、入れてェ」

私はスクッと立ち上がって、奥さんの膣口に亀頭を押し当てました。

「そおっ、エッチなオマ◯コ、チ◯ポでふさいで!」

腰を押し出してカリ首まで埋めると、小陰唇がペニスの幹に貪りついてきました。根元まで入ると膣粘膜が収縮してイソギンチャクのように吸いついてきました。

くうっ、す、すごい名器だ……たまらず私は続けざまに突き入れました。いきなり大きいストロークの出し入れを繰り返したんです。

「あぁあっ、いいっ、奥まで、すっごく硬い」

びっしりと汗が浮いて、ヌルヌルにすべるヒップの肉を、両側から押し込みながらピストンのように挿入しました。ブチャッ、グチャッ、ジュブッ……。

「イヤイヤ、私、おかしく……なっちゃう」

亀頭が膣口から顔を出すまで引き抜き、一気に根元まで突き刺しました。

「あぐッ、すごい、こんな……私、すぐにイッちゃう」

血管が浮くペニスの幹に生き物のような小陰唇が吸いついてきました。パンパンの亀頭に膣の中のイソギンチャクのような粘膜がまとわりついていました。むぐ、ぐうぅ、吸いついて、吸い取られそうだ……着乱れたニットのワンピースで肉棒を受け入れる立ちバックの肢体は、怖いほどのいやらしさでした。

「あぁあッ、いい、気持ちいい、もっとーッ！」

ジュブッ、ジュブッと淫らな挿入音が部屋の空気をゆらしていました。一突きごとにペニスの幹が蜂蜜のような愛液にコーティングされていきました。シミ一つない奥さんの美しいお尻もオイルを塗ったように汗まみれでした。

「あなた、あなた、興奮して、私、気が狂いそうよ」

めくれ上がったワンピースの裾からのぞく、むっちりとした汗まみれのヒップ、すらりと伸びた生脚、艶かしい奥さんの下半身が激しく律動しはじめました。腰と下腹部を波打たせて、挿入部分を下から上にしゃくり上げてきたんです。

「もおっ、イク、イク……イッちゃう！」

奥さんがさらに激しく下半身を律動させると、膣粘膜が強烈なうねりを伴ってペニスを締めつけ、精液を搾り取ろうとでもするように貪《むさぼ》りついてきたんです。

一気に強烈な射精感が私を襲ってきました。

「イクッ、ね、あなた、イッていい？」

俺も出そう……睾丸から精液が駆け上がってきて、全身の毛穴から汗が噴き出しました。射精間近を伝えるために、奥さんの豊かなお尻の肉をわしづかみにして、めちゃくちゃにもみつけました。

「いいわよ、来て、いっぱい出してッ！」

ドクン！という鼓動とともに飛び出した熱い白濁液が、弾丸のように奥さんの中に撃ち込まれました。奥さんの下半身がガクガクと激しく痙攣しました。

「お、奥に当たって、イッてる、私、イッてるよ！」

ぐうっ、止まらない……あきれるほど長く大量の射精が治まっても、奥さんの膣粘膜は、最後の一滴まで搾り取ろうとするように蠢いていました。

それからというもの、奥さんは「縛って」とか「バイブ使って」とか言って、それをスマホで撮影させるんです。それで、ふと気づいたんです。

あの動画は、私の同僚である夫に見せるためのものなんじゃないだろうか……

私は遠距離夫婦のＮＴＲの道具に使われているのかもしれません。

季節はずれの大雪の夜に遭遇した妖熟女
二人きりの車中で性器を貪り合って……

田所和明　報道記者・四十四歳

日本有数の豪雪地帯に住んでいる者です。

毎年、生活を脅《おびや》かす大雪は悩みの種ですが、雪と無縁の気候の人たちに、その苦労は、やはりわかりにくいようです。

その日、仕事を終えた私は、妻と子どもの待つ家に向かっていました。

春の息吹が聞こえはじめたころを襲った、季節はずれの大雪が降った日でした。

咲きはじめた可憐《かれん》な梅のつぼみにも白い雪が積もり、野暮男の私でもかわいそうに思ったものです。

駅から家まで歩いて七分ほどですが、凍った雪道なので、専用の冬靴をはき十分以上かけて慎重に歩いていました。

加えて私は大きな荷物を持っていました。

シュラフ、いわゆる寝袋です。さえない田舎ですが、私はその地の報道記者をしており、いつでもどこでもどんなに寒くても大丈夫なように、シュラフを常備していたのです。それも予備を含めて二つ。

満員に近い夕方の電車で大きな荷物はひんしゅくでしたでしょうが、久しぶりに二日間の休暇をとれたので家で洗おうと思ったのです。

私が駅を出たところは、降りる人の大半とは反対の出口で、私の前後に人はいませんでした。

駅を降りるとすでにかなり吹雪いていました。春先なのに、スマホを見ると朝までにメートル単位で積もるだろうと予測が出ており、ウンザリしました。

ミニバンが一台、道路わきに停まっているのを見つけました。

県外ナンバーです。いやな予感がしました。

ドライバーシートに女性が乗っており、眠っているようでした。車内で厚着をしていましたが、寒そうに身を縮めているのがわかりました。そして排煙口からは煙が白く上がっていました。エアコンをつけるためにエンジンをかけたままにしていたのです。

激しく積もるのがわかっているのに、これは自殺行為でした。

タイヤにチェーンも巻かれていません。内心で舌打ちしたものです。

「もしもし? こんなところで寝たら危ないですよ」

車外からノックをし、何度か声をかけると、女性はやっと目を開けました。

「エンジンを切りなさい。雪が積もったら車内にガスが逆流して一酸化炭素中毒になる」

女性は面倒くさそうに私を見つめたあと、また目を閉じました。

人命にかかわるので、強引に助手席のドアを開け、エンジンを切りました。

「え!? なんですか、あなた……寒いじゃないですか」

知らない男がいきなり乗り込んできたのに、それを警戒するふうでもなく、やはり億劫《おっくう》そうに答えるだけでした。

車内はエアコンが効いていて体感的には温かかったですが、それでも零度近かったでしょう。外は氷点下をはるかに下回っています。

運転をかわって安全な場所に行こうと思いましたが、ノーマルタイヤでは非常

に危険でした。

「このシュラフを着なさい。凍死は防げる。エアコンを切っても大丈夫なはずだ」

安価なシュラフですが、氷点下二十度でも安眠できる仕様になっています。

「さあ、オーバーを脱いで、この中に入って」

女性は自発的に動く様子はありませんでした。女性は肩を交互にすくめ、実に消極的に協力しました。

「寒い。もう、放っといてください」

シュラフのジッパーを下げ、女性の足元に向けようとしたとき、初めて女性は私をまっすぐ見てそう言いました。生きる意志をうしなっているまなざしでした。

まちがいなく警察に保護してもらうべき対象でした。

「なに言ってるんだ。元気を出せ！」

厚手のセーターの上から、励ますように女性の腕を強くさすりました。

私より少し下の四十歳手前ぐらいでしょうか。細身の美人でした。

華奢《きゃしゃ》そうなわりにけっこうな巨乳で、乱暴に両腕をさすっていて何度か手が当たってしまいましたが、気にしている場合ではありませんでした。

「さあ、脚からこれに入るんだ」

あらためてシュラフを足元におき、女性を入れていきました。

女性は濃いストッキングで厚手のスカートでした。意図したわけではありませんが、シュラフを上げている途中、スカートがずり上がり、奥の白いパンティがベージュに透けているのを見てしまいました。

「もうすぐすれば温かくなる。汗をかくぐらいになるぞ」

ドライバーシートも倒し、休みやすくしてやりました。

「待って。行かないで……」

こんなドラマのようなセリフを言われたのは初めてです。

凍死と一酸化炭素中毒の危険が消えたので、このまま交番に行くのが常識的な判断でしょう。しかし私は、そうはしませんでした。シュラフがもう一着あったのも理由でした。

外に出て妻に電話しました。急な取材で帰れなくなることはしばしばあり、妻は疑いませんでした。

助手席に乗り、私もシュラフに入りました。女性はもう目を閉じていました。

三十分ほどすると、女性はもぞもぞと動きました。

「おしっこ」

静かな車内でないと聞き取れないほど小さな声で言いました。

「近くにトイレなんかない。車外でしゃがんでしろ。大丈夫、見たりしないよ」

シュラフを脱ぐのを手伝い、外に出ると、女性は寒そうに震えていました。

見たりはしませんが、おしっこの湯気が立ち上るのが見えてしまいました。

車内に戻った女性はすぐにシュラフに入らず、じっと私を見つめました。

「あなた、誰ですか?」

「通りすがりのお人好しだよ」

いまさらながらの滑稽《こっけい》な質問に、私も芝居がかった言い方をしました。

驚いたことに、女性はクスリと笑いました。

「大丈夫ですよ。私、死のうなんて思ってないです」

八年つきあった男性にふられて結婚の夢が消え、仕事もうまくいかなくて捨て鉢になり、衝動的に目的のない旅に出たこと、そしてこの雪に閉じ込められ、足止めを食らって自棄《じき》になっていたことなどを、女性は問わず語りに話しました。

「あなた、すごく親切な人なのね」

その女性は言い、私に近寄りました。互いにたどたどしく自己紹介をすると、女性は川島小百合《かわしまさゆり》さんと名乗りました。

「お礼をさせてください」

「ちょっと、冗談はやめなさい」

小百合さんは私のシュラフのジッパーをおろしました。

そうして強く私を抱きしめてきたのです。怖ろしく冷たい身体でした。

「ああ、お願い。抱いてください」

人肌に飢えていたのだと思いました。私も抱き返し、セーターの上から冷えた背中をさすりました。

ごく至近距離で目が合うと、私たちはキスしました。結婚して二十余年、妻以外の女性とこんなことをしたのは初めてでした。

「気持ちを切り替えたいんです。意味のある旅にしたいの。お願い!」

この状況でなければ意味不明の言葉だったでしょう。女性は身を後ろに乗り出し、後部シートをフルフラットにしました。

私もシュラフを脱ぎ、もぞもぞと冷たいシートに並んで横たわると、私たちは激しく抱き合いました。

「寒いだろう?」

「平気。親切な男の人に抱かれてると思うと、それだけであったかくなる」

ちょっとメンタルの弱い女性かなと思いました。

女性のセーターやスカートを脱がせ、私も服を脱ぎました。車内でも息は白かったのですが、私も気持ちが昂り、気にならなくなっていました。

小百合さんの胸に顔を埋め、乳房を舐めまくりました。

「ああ、あああ、この感じ……そうよ、これがほしかったの」

鳥肌を立たせ、肩を強くすくめ、小百合さんは感極まって言いました。

下はブリーフをはいたままで、小百合さんもパンティとストッキングをはいたままです。

「脱がすぞ……」

「ドキドキするわ。こんなところで」

こっちのセリフだよ、と内心で思ったものです。

「外から誰かに見られないかしら?」

小百合さんも気持ちが昂ったのか、さっきまでの投げやりな口調はなくなり、周囲に気を向ける余裕が出たようでした。

「見ろよ。窓も半分雪に包まれてる。もともと車も人もあまり通らない道だ」

小百合さんは私を見つめ、「あはっ」と子どものように笑いました。

「すてき。なんかこれからいいことありそう」

異様な成り行きでしたが、ちょっと希望をとり戻したようでした。顔にも最初は見られなかった赤みが差していました。

二人とも全裸になり、腕を双方の背中に回し、四本の足を絡めました。

「田所《たどころ》さん、指が冷たい」

「ああ、ごめん」

抱きしめた背中で、私は両手をこすり合わせて温かくしました。

ストッキングとパンティの隙間から手のひらを股間に滑り込ませました。小百合さんの性器は温かくてたっぷりと潤っていました。

「ああ、たっ……田所さん」

長年のパートナーを呼ぶような安心感に満ちた声でした。とても初対面の異性に向ける声ではありません。

小百合さんの恥毛は細くてやわらかく、もずくのような感触でした。

「脱がすよ」

ヌルヌルの手を出し、パンティとストッキングの腰ゴムに手をかけ、ゆっくりと引きずりおろしました。

小百合さんは片脚ずつ上げ、私が脱がすのを手伝いました。最初にオーバーを脱がしたときよりもずっと積極的な動きでした。

「田所さんも」

気だるいトーンなのに、早くしろというニュアンスさえこもっていました。

「ああ、小百合さん。なんで、なんでこんなことに」

激しく背中をなで回しながら、私はそんなことを口走っていました。

不倫。車内セックス、そして相手は知らない女性。まさか四十四歳でこんな経験をするとは、今日の今日まで夢にも思っていませんでした。

あおむけにした小百合さんの目を、まっすぐ上からのぞき込みました。

「入れるよ」

「はあ、早く、早く……早く！」

金魚が酸素を求めるように口をパクパクさせ、切羽詰《せっぱ》まった口調でした。

「ああ、小百合さんの中、あったかい」

この二十年、妻にも言ったことのないセリフが口から洩れました。外の寒さもあり、女性の体温そのままの膣中は、熱い風呂につかったような温かさでした。

「ああっ、田所さんっ、すてきっ、すてきいっ！」

顔をゆがめ、顎を出しながら小百合さんも高い声をあげました。

ゆっくり前後に動いていくと、なんと小百合さんはすすり泣きを始めました。

鼻が赤くなり、しまいには嗚咽《おえつ》を始めました。

「どうした、痛いのか？」

「ちがうの。なんだか、うれしくて、懐かしくて、気持ちよくて……」

普通の状況なら、行為の途中で泣かれるのは興醒《きょうざ》めだったでしょう。しかし、なんというか、生きる希望をとり戻したような声音《こわね》で、安心したものでした。

「あんっ、あああっ、ああっ！　あああんっ！」

豪雪で人通りが途絶えていなければ具合が悪いほどの大声でした。

「小百合さんっ、出るっ！」

こんなに早く射精欲求が起きたのも久しぶりでした。さほど早漏とも思っていませんでしたが、異様な情景で気持ちが昂っていたのと、路上なので早くコトを終わらせようという意識が働いたのでしょう。

「待って、キスして。キスしてから出して！」

真上からぶつけるように顔を落とし、唇を重ねました。生気をとり戻してピンク色になっていた小百合さんの唇は、私に強く吸いついてきました。

「ああっ、出るっ」

「あああっ、きっ、来てるっ、すごく、熱いっ！」

顔をしかめながら、小百合さんも感極まった声を出しました。

ピストンをゆるめながら、やがて男根を抜きました。

途端に小百合さんは私をつかみ、逆にあおむけに寝かせました。

そうして、まだ勃起状態の男根にむしゃぶりついてきたのです。

これがお掃除フェラか、と思いました。恥ずかしながら妻にもやってもらったことはありません。

「ああ、そうよ、このにおい。すてき……」

欠食児童のように、美人の小百合さんは鼻息を荒げ、無我夢中の様子でペニスを舐め回してくれました。

香り高いお茶を楽しむように「はあああ」と小百合さんの長い息の音をまだ耳が覚えています。

「まだ、いけそうですよね?」

私に乗りかかる格好で、小百合さんがつぶやきました。

とろけるようなあやしい微笑をたたえた美女が、薄暗い車内で真上から迫ってきました。恐怖にも似た独特の興奮を覚えたものです。

顔をもたげ、釣鐘《つりがね》状《じょう》に垂れた白い巨乳を下から舐めました。空いた手でも乳房をもてあそびました。

「ああ、もっと、もっとよ。もみくちゃにして!」

熱い胸とおなかがぴたりとくっついた状態で、小百合さんは私の男根を逆手で握り、こすってきました。

「ほらぁ、またできそう」

美魔女とはこういうのを言うのだろうかと思いました。

腰に乗ったまま、小百合さんは上半身を起こしました。

そうしてペニスを立てると、自分の性器に導き、入れたのです。

「んふ、田所さんの硬いのが、下から突き刺さってる」

うっとりした口調で言い、小百合さんはゆっくりと身体を上下させました。

次に私の胸に両手をおき、密着させた腰を石臼のように回しました。

「こうすると、田所さんのが、私の中でも回ってる。んふ、んふふふ」

妻は淡白な性格で、連れ添って二十余年ながら、あまり夜の営みにバリエーションはありませんでした。どう考えても小百合さんのほうが手馴れており、私は童貞青年に戻ったような気がしたものです。

小百合さんは上半身を倒し、胸を重ねてきました。双方の熱い胸と腹が広い面積でふれ、外気の冷たさもあり、ぶるっと震えました。

「あら、震えてるじゃないですか」

「小百合さんだって」

なめらかな小百合さんの肌がざらついていました。鳥肌を立たせたのです。

「ねえ、田所さん、嘘でもいいから、私のことを好きだと言ってくれませんか」

小悪魔か淫魔かセイレーンのようだった口調が変わり、男に媚びるようなトーンで言いました。

詳しくは知りませんが、男性依存のいわゆるメンヘラ気質なのかもしれないと思ったものでした。

下から手を伸ばし、小百合さんの背中を強く抱きしめました。

一期一会《いちごいちえ》の夜、どうせ明日になれば全くの他人に戻るという無責任な考えもあったと思います。

「ああ、愛してるよ、小百合！」

「ああ、田所さん！　私も、大好きよ！」

困惑してしまうほどの声で小百合さんもしがみついてきました。

美人ですが、この性格で異性関係で傷ついたのだろうと邪推したものです。

私も下から腰を突き上げました。続けて射精衝動が起こったのは、新婚当初を除いては初めてでした。

「ああっ、小百合、また……」

「出してっ、たくさんっ！」

短い言葉の応酬《おうしゅう》ののち、私は射精しました。

「よかった。この一人旅、すてきな思い出ができたわ」

悲しそうに笑うので、またちょっと不安になりました。

「そんな顔しなくても大丈夫です。実家に帰って心機一転やり直しますから」

私の顔を見て悟ったのか、小百合さんはそんなふうに言いました。

そのあと、私たちは車内でそれぞれシュラフに入り、仮眠をとりました。

ウトウトして二、三時間ほどたったころ、私たちは目を覚ましました。シュラフで寒さはしのげるとしても、やはり異様な状況で熟睡できなかったのです。

「息が白いのに身体は温かいなんて初めて。んふふ」

フルフラットにしたシートの上で、小百合さんはミノムシのようにモゾモゾと動いていました。

私たちは身体を寄せ、キスをしました。ぴったりとシュラフも重ねました。

「手も足も動かせないって、セックスしにくいですね」

言いながら小百合さんは、シュラフのジッパーをおろしました。

まだやるのかと思いながらも、私もシュラフから出ていました。

洗濯するつもりだったので、二人とも裸のままシュラフに入っていました。出てくると、あまりの寒さに私たちは強く抱き合いました。

「ああん、裸でおしくらまんじゅうって、こんなに温かいのね」

おしくらまんじゅうなどという言葉を耳にしたのは子どものとき以来です。

暖をとるために抱き合っていたのに、ムクムクと男根は勃起していました。

「ああ、また、欲しくなっちゃう」

あおむけになった私の股間に、また小百合さんはむしゃぶりついてきました。

そのまま小百合さんは私の顔を大きく跨ぎました。

妻とのセックスでも、シックスナインはしたことがありませんでした。

薄めの陰毛が蜜にまみれ、薄暗い中で膣口が猥褻に開いていました。

「あああ、田所さんの舐め方、やさしい」

泣きそうな、かすれた声で言いました。

逆説的ですが、女性器をこんな間近で見たのは初めてでした。女性の濃密でいやらしいにおいとともに、私自身の精液のにおいも漂っていました。

「小百合、また、入れたい……」

幸薄そうな笑みを浮かべる小百合さんの中に、私は三度挿入し射精しました。

雪は降り止まず、遅くて暗い朝を迎えるまでに、私は計四回、小百合さんの中に射精していたのです。

朝になるとＪＡＦに連絡し、小百合さんと別れました。

いまさらながら、連絡先を交換しておかなかったのが、悔《くや》んでならないのです。

子どもの入学式で再会した可愛い元カノ
時を超えた夢のアナル姦で連続アクメ！

長瀬宏斗　自営業・三十三歳

梨沙《りさ》と再会したのは、昨年の春、子どもの小学校の入学式でした。

桜の花がほころびはじめた校庭でその姿を遠くから見た瞬間、僕はすぐに、それが大学生時代につきあっていた女だとわかりました。

彼女と同棲していたのは一年半ほどでしたが、お互い初めての相手でしたから、記憶は強烈でした。

大学を卒業して、梨沙が就職のため町を離れたのは知っていました。どうやらいつの間にかこちらに戻ってきたようでした。

梨沙もすぐに、僕に気づきました。

僕の妻が知り合いとおしゃべりに夢中になっている隙に、梨沙はすっと僕の近くに歩み寄ってきました。

「ひさしぶりね。びっくりしちゃった」

「こっちの台詞だよ。いつこっちに戻ったの？」

笑顔でそんなあいさつを交わします。べつにケンカ別れしたわけでもありませんし、あれから十年たっています。わだかまりは何もありません。お互い、ただ懐かしい思いがあるだけでした。

梨沙は僕の耳元に唇を寄せ、そっと囁きました。

「私ね、携帯の番号変えてないのよ。よかったら連絡して。お茶でもしながら、昔話しましょうよ」

その場はそれで別れました。

後日、思い切って僕は梨沙に電話してみました。梨沙の反応は、思っていたよりずっとうれしそうでした。

僕たちは時間を繰り合わせて、週末の午後、とあるカフェで落ち合いました。当時よくデートに使っていた店でした。

学生時代の梨沙は、ひいき目抜きに見てもアイドル顔負けの美少女で、スタイルも抜群でした。三十代になり、子どもを産んだいまでも、その美しさはほとんど衰《おとろ》えていません。いえ、いまはさらにほどよい熟成が加わって、ますますいい女になっていました。

思い出話や子どもの話は尽きることがなく、僕と梨沙は、いつしか喫茶店からバーに移っていました。

アルコールが入って、話題も自然に大人なものに変わっていきます。

「ね、宏斗《ひろと》はどうなの、最近？　奥さんとシテるの？」

僕は正直、梨沙のあけすけな質問に面食らっていました。というのも、若いころの梨沙はセックスに対してちょっと潔癖なところがあり、下ネタはもちろん、僕との行為もちょっとしぶしぶ、という感じだったのです。

女ってのは変われば変わるものです。

苦笑しながら、僕は答えました。

「子どもが出来てからはさっぱりだな。うちのやつ、二人目は当分いらないって言ってるし、生活にそんな余裕もないしさ」

「やだあ。うちとおんなじ。うちはダンナがね……私の出産に立ち会ってから、ぜんぜん勃たなくなっちゃって、すっかりレス。でも、宏斗は性欲強いじゃない？　どうやって処理してんの？」

意味ありげな目つきで、梨沙はじっと僕の顔をのぞき込んできます。気がつけばその小さな手が、僕の太ももに乗っています。

おやおや？　まさか梨沙のやつ、そういうつもりか？　そいつはこっちも望むところだけど。

僕も大胆になって、梨沙の耳元に囁きます。

「そりゃまあ、相手さえいれば僕だっていつでもギンギンだよ」

「ほんとに？　ひさしぶりに、見たいなぁ……宏斗のアレ」

酔いのせいもあって、二人ともすっかり学生時代の気分でした。

気づくと僕たちは、ラブホテルの一室にいました。

いまさらてれる間柄でもなし、僕たちは遠慮もなく服を脱ぎ捨て、いっしょにバスルームに入ります。

「あのころにくらべると、ちょっと崩れたでしょ？」

ボディラインをこちらに見せつけて、梨沙はそんなふうに言いますが、ちっとも衰えはありません。すらりと華奢なのに、ぷりんと張り出したおっぱい、くびれたウエスト、形のいいヒップ……まあさすがに二十代のままとは言いませんが、ほどよくボリュームアップされたお尻など、むしろたまらなくそそるフォルムです。

「そんなことないよ。いまでもきれいだよ。ていうか、あのころよりさらに女っぽくていやらしいよ」

シャワーを浴びながら、僕は梨沙を抱き寄せて、舌と舌を絡ませ合います。梨沙は驚くほど積極的に僕のべろを受け入れ、自分の舌で僕の口の中をねぶり探りしてくるのです。

もうこれだけで、僕のナニはビン！　と硬直してしまいます。

梨沙はすぐに僕の状態に気づいて、ねっとりとディープキスを続けながら手のひらで僕のイチモツをそっとなでさすりはじめました。

「あん、もうこんなにギンギン。ココの元気さは全然変わらないね」

「前から言ってるだろ。顔も体も、梨沙がいちばんどストライクだって。たまんないよ、このおっぱい」

僕は梨沙の弾力のある乳房にしゃぶりつきます。すでにコリコリに固くなっている乳首を舌で転がすと、梨沙はビクッと肩をすくめ、せつなげな声をあげます。

「あふんっ。だめ、そこ、気持ちいいっ。ゾクゾクしちゃうっ」

僕はさらに手を梨沙の下半身へと伸ばします。

黒ぐろした陰毛をかき分けて、梨沙のワレメを探り当てると、その隙間へとゆっくり指を差し入れます。

梨沙のそこは、ぬるりと熱く潤っていて、クリトリスもピンピンに固くなっています。

「おい、梨沙だってもうココがぐっしょりじゃないか。昔より敏感になってるんじゃないか?」

「ああやぁん。あのときより、だいぶエッチになっちゃったかも……」

思えば当時僕が抱いていた梨沙は、青い果実だったようです。人妻になり、ほどよく熟したいまが、女として最高の状態なのでしょう。

僕がこりこりと股間の淫豆を指でいじってやると、梨沙は悲鳴のような声をあげて身を捩《よじ》ります。

「やだぁ、ちょっ、ちょっと待って。そんなにされたらイッちゃう……宏斗のほうを先に気持ちよくしてあげたいの！　ねえほら、お口でしてあげるから……好きでしょ？　フェラされるの」

言うなり梨沙は僕の前にしゃがみ込み、先ほどからビン立ちしている僕のそこを、ゆっくりと舐め回しはじめました。

これにも僕は驚かされました。昔の梨沙はオーラルが大嫌いで、僕がせがんでもお義理にちょっと咥えてくれるのがせいぜいでした。

それがどうでしょう、いまでは自分から、おいしそうに僕のジュニアを上から下から裏スジまで、ぺろんぺろんしてくれるではありませんか。

愛情のこもった梨沙のフェラは、プロの嬢にも引けをとらない快感をもたらしてくれました。

「おお……おうっ、すごいよ、梨沙。めちゃくちゃ気持ちいい」

「うふっ、けっこう上手になったでしょ？」

じゅぷじゅぷといやらしい音を立てる梨沙のおしゃぶりにうっとりしながらも、頭のどこかで僕は、ジェラシーめいたものを感じていました。

自分と別れたあと、どんな男たちにこんなスケべなことを仕込まれてきたんだ、こいつ。

我ながら身勝手な感情だとはわかっていますが、それでも僕はちょっぴりむかっ腹がたってきて、気がつくと梨沙のきれいな唇を犯すように、いきりたつモノをぐいぐい出し入れしていました。

いつの間にかこんな淫乱熟女になりやがって。そんなにチ◯ポが好きならくれてやる。

「んんっ！　んごおっ！」

梨沙は唇の端から苦しそうな声を発しますが、それでも唇を離そうとはしませんでした。むしろ淫らさいっぱいの潤んだ目つきで僕を見上げ、荒々しい口ピストンを受け入れるのです。

攻撃的な興奮に、たちまち僕も射精本能が昂ってきます。

「ああ、イキそうだよ、梨沙……口に出すよ」

十年前なら「絶対イヤ！」と拒絶した卑《いや》しい行為も、いまの梨沙は瞳を潤ませながらコク、コクと黙ってうなずきます。

このスケベ女め。たっぷりとくさい精液をぶちまけてやる。

僕は遠慮なく絶頂に達し、粘っこい白濁を梨沙の口内に発射しました。僕自身、妻とはほとんどレス状態で性欲はたまりきっていましたから、自分でもあきれるほど大量に出ているのがわかりました。

妻の目を盗んでこそこそやるオナニーの何百倍もすごい快感でした。

「んんーっ！　んっ、んんっ！」

梨沙も全身を小刻みに震わせながら、口いっぱいの射精に恍惚《こうこつ》としているようでした。一滴残らずこぼすまいというように唇をすぼめ、ひくつく僕のナニを吸引しつづけてくれます。

やがて絶頂感が引いていき、僕が口からそれを引き抜くと、梨沙は僕の顔を見上げたまま、喉を鳴らして口内の粘液を飲み下してしまいました。それはもう痺れるような幸福感でした。かつての恋人時代には経験したことのないものでした。

「あーん、すっごい出たぁ。でもよかった。宏斗のこと、ほんとに気持ちよくしてあげられたんだね」

「ああ、最高だったよ。しかし梨沙がこんなにエッチになるなんてな」

まだ半勃起を保ったままの僕のナニを両手で愛撫しながら、梨沙は言いました。

「だって、宏斗のオチ〇チン懐かしくて、つい……それに、こんなに大きくてビンビンの見るの久しぶりだったんだもん。見てるだけでたまんなくなっちゃった」

かつての美しさはそのままに、すっかり淫乱熟女に変貌した梨沙に、僕の欲望は収まるどころか、ますます燃えたぎってきてしまいます。

発射直後にもかかわらず、僕のブツは再びぐんぐんとふくらみ硬度をとり戻していきました。

「ベッドで続きしようか？　今度は梨沙をめちゃくちゃにしてやるよ」

「ほんとに？　やっぱり宏斗誘ってよかった……ウチのひとなんか、小さいしスタミナないし、一回イッたら十日は使いものにならないのよ」

バスルームからベッドに移ると、僕は横たわった梨沙の美しい肉体に荒々しくのしかかります。

「早く、早く来てぇ。前戯なんかいいから、即ハメしてぇ！　私もうビチョビチョになってるからぁ」

貞淑な人妻ならまず使わないような下品な淫語で、梨沙は合体をおねだりしてきます。

梨沙が自ら股ぐらをぱっくり広げます。相変わらず密度の濃い陰毛の中に、言葉どおりじっとりと濡れそぼった亀裂が口を開けていました。

子どもを産んで多少色合いもビラの形も変わっていましたが、小ぶりの唇と、それに不釣り合いな大きなクリトリスは、まちがいなく梨沙のアソコでした。

その中心に狙いを定め、僕は臨戦態勢のナニをぐいと差し入れます。

亀頭が梨沙の肉ビラをかき分け、熱くぬかるんだ膣へと沈んでいくと、梨沙は「あはぁーんっ！」と激しい声をあげ、首をのけぞらせました。

「やっぱり宏斗のデカチンいいわあっ。あのころは、これのよさがわからなかったの……あれからいろんな男としたけど、宏斗のがいちばんいいってやっとわかったわ」

「本当か？　これがそんなにいいのか？」

僕は隆起しきったそれを、さらに根元までねじ込んでやります。

「あう～っ！　ほんと、ほんとよっ！　私、やっぱりおっきくてゴリゴリのオチ

○チンが好きなのっ！　結局宏斗くらいおっきい人、いなかったもん」
お世辞半分だったかもしれませんが、昔の女にムスコをほめられて僕も悪い気はしません。しかしあのころは「大きすぎて痛い」なんて文句を言うこともあった梨沙が、こんな露骨なことを言うなんて……。

「なら、たっぷりくれてやるよ。ほら、どうだ？」

僕は深々と挿入した自慢のムスコを、ゆっくりと前後に動かします。

梨沙のアソコはいまでも締まり抜群で、動かすたびに僕のそれをいやらしく包み込み、たまらない心地よさです。ゆるんだ印象はまったくありませんが、これが女として開発されたということなのでしょう。

「あはぁん、いいわあ、宏斗。奥までぐりぐりされてすっごく気持ちいいよぉっ。もっと、もっとちょうだぁい。ギンギンのデカチンで鬼ピストンしてえっ！」

梨沙は下から自分で腰を動かしさえして、より深い結合を、より激しい出し入れを求めてきます。思い出の中の若い梨沙とはまるで別人のドスケベ熟女がそこにいました。

僕ももう、本能のまま、ただ快楽だけを味わうことにしました。

要求どおりガンガンに突いてやると、梨沙は髪を振り乱し、たちまちヒィヒィと呼吸を荒げます。

「ああーっ、すごいっ！　これ、たまんないっ！　子宮にゴツゴツきてるぅっ！　やっぱり宏斗のデカチン最高よおっ！」

「すっかり淫乱になったな、梨沙。梨沙のもマン汁じゅくじゅくでめっちゃくちゃ気持ちいいぜ」

実際、梨沙のアソコは熱く粘っこい愛液があきれるほど溢れてきて、こうして合体している間も隙間から流れ出しているのがわかるほどです。

「いいっ、いいよぉ、宏斗っ！　ああ気持ちいい、気持ちいいよおっ！　も、もうダメ、イッちゃうっ！　ああイキそう……ねえ、もうイッていい？　イキたいのおっ！」

「ああ、いいぜ。梨沙のスケベなイキ顔見せてくれよ。ほら、ほらっ！」

僕は梨沙を嬲《なぶ》るように、腰の速度を全速力にしてやります。

「あああーっ、すごおいっ！　こんな激しいのひさしぶりぃっ！　いやぁーっ、イクッ！　イクイクイクイクぅーっ！」

突然梨沙は、体をぎゅっと縮こまらせ、腰骨をわなわなと震わせました。顔を真っ赤にして唇を嚙み締め、「ヒッ！　んぎっ！」と声にならない音が洩れ出します。

僕が初めて見る、梨沙の本気のイキ顔でした。

もちろん僕もまた、男としての達成感、満足感を感じていました。しかし同時に感じていたのは、梨沙をこんなにも開発したのは、自分以外の誰か知らない男だというくやしさでした。

「なあ、梨沙って、アナルの経験はあるの？」

勘のいい梨沙は、すぐに僕の思いを悟ったようでした。

「ううん。私、後ろはヴァージンよ」

「じゃあさ、最後は、梨沙の最後の処女を奪ってイキたいな」

僕のわがままな要望に、梨沙はなんの迷いもなく応じてくれました。

「いいわ。実は私もね、前から興味あったから……宏斗にだったら、私のアナルヴァージンあげる」

そう言うと梨沙は、自分から四つん這いになって、お尻をこちらに向けてくれました。さっきまで僕のものが貫いていたオマ◯コのすぐ上に、ピンク色の小さなつぼみが見えます。

唯一、梨沙の体の中で、まだ男を知らない箇所です。

僕は依然硬くそり返っている自分のナニを、ゆっくりとその中心点に押し当てました。梨沙の愛液でぬるぬるになっていた僕のそれは、思ったよりも簡単に梨沙の肛門を押し開け、ずりゅ、ずりゅと内側へ侵入していきます。

「あっ、あっ、やだ、ほんとにお尻に入ってくるう……すごいすごい、こんなの初めてよお！」

「痛くない？」

僕の問いに、梨沙は小さくかぶりを振ります。

「ちょ、ちょっとだけ……でもいいの。それ以上に気持ちいいから……平気だから、もっと奥まで挿れて。宏斗のいかついので、私のお尻の処女奪ってぇ！」

激しく喘ぎながら、梨沙はそう言ってくれました。僕は意を決し、怒張したものをさらに梨沙の未踏の穴深く押し込みました。

独特の肉襞に包まれる感覚は、オマ◯コとするのとは違う快《こころよ》さです。僕はその快楽に酔い痴れながらピストンを始めました。

「んぎぃーっ！　宏斗のおっきいのが、お尻で暴れてるぅっ！　でもいいっ！　すっごく気持ちいいよおっ！　ここがこんなに感じるなんて知らなかった……宏斗は、宏斗は気持ちいい？」

「ああ、すごくいいよ。イキそうだ……中でぶちまけてやるからな！」

「うん、ちょうだいっ……お尻マ◯コに精子いっぱい出してえっ！」

僕は欲望に衝き動かされるままにかつての恋人のアナルを思い切り犯し、やがて吹き上がってきた白濁を、まるでマーキングするみたいに思う存分その奥底に注入したのでした。

◉読者投稿手記募集中！

素人投稿編集部では、読者の皆様、特に女性の方々からの手記を常時募集しております。真実の体験に基づいたものであれば長短は問いませんが、最近のSEX事情を反映した内容のものなら特に大歓迎、あなたのナマナマしい体験をどしどし送って下さい。

●採用分に関しましては、当社規定の謝礼を差し上げます（但し、採否にかかわらず原稿の返却はいたしませんので、控え等をお取り下さい）。

●原稿には、必ず御連絡先・年齢・職業（具体的に）をお書き添え下さい。

〈送付先〉
〒101-8405
東京都千代田区神田三崎町 2－18－11
マドンナ社
「素人投稿」編集部　宛

◉新人作品**大募集**◉

マドンナメイト編集部では、意欲あふれる新人作品を常時募集しております。採用された作品は、本人通知のうえ当文庫より出版されることになります。

【応募要項】 未発表作品に限る。四〇〇字詰原稿用紙換算で三〇〇枚以上四〇〇枚以内。必ず梗概をお書き添えのうえ、名前・住所・電話番号を明記してお送り下さい。なお、採否にかかわらず原稿は返却いたしません。また、電話でのお問い合せはご遠慮下さい。

【送 付 先】 〒一〇一-八四〇五 東京都千代田区神田三崎町二-一八-一一 マドンナ社編集部 新人作品募集係

素人告白スペシャル《しろうとこくはくすぺしゃる》 春の田舎で出会った美熟女たち《はるのいなかでであったびじゅくじょたち》

二〇二四年 四 月 十 日 初版発行

編者◉素人投稿編集部【しろうととうこうへんしゅうぶ】

発行◉マドンナ社

発売◉二見書房

東京都千代田区神田三崎町二-一八-一一
電話 〇三-三五一五-二三一一(代表)
郵便振替 〇〇一七〇-四-二六三九

印刷◉株式会社堀内印刷所 製本◉株式会社村上製本所 落丁・乱丁本はお取替えいたします。定価は、カバーに表示してあります。

ISBN978-4-576-24013-8 ◉Printed in Japan ◉©マドンナ社